ちくま新書

地方消滅の罠

――「増田レポート」と人口減少社会の正体

山下祐介
Yamashita Yusuke

1100

地方消滅の罠——「増田レポート」と人口減少社会の正体【目次】

序章 地方消滅ショック 011
「増田レポート」の波紋／地方消滅は避けられない？──悪意あるイメージの氾濫／「選択と集中」が象徴するもの／問題はどこにあるのか／誰が流れを止めるのか／道は一つではない／本書の構成

第1章 人口減少はなぜ起きるのか 025
1 人口のつくられ方 026
自然増減と社会増減／雇用と育児対策で問題は解決するか／過少産多死社会から過少産少死社会、そして消滅へ？
2 暮らしの側から出生数低下の原因を探る 036
少子化はなぜ起きるのか／雇用の確保は出生率の上昇に寄与するか／経済力と暮らしのバランス、そして心理的問題／家族の変化と子育て負担／地域が支える子育て環境／全国総都市化がもたらしたもの／暮らしや地域のバランス再調整はいかに可能か

3　不安の悪循環が始まっている　052
不安がもたらす少子化への道／二〇〇〇年代改革がもたらしたさらなる悪循環

第2章　地方消滅へと導くのは誰か　057

1　象徴としての学校統廃合問題　058
自ら消滅を選択した集落／悪循環がもたらす学校統廃合／地域が学校存続を諦めるに至った経緯／諦めと依存の心理効果／棄民と逃散のスパイラル

2　新たな地域開発の素顔　071
「ILCで復興」の不可思議さ／中立公正なはずの科学が地域を破壊する？／日本創成会議の提案でもあったILC／巨大事業が村を壊す可能性――リニア新幹線の現場から／地域再生と自治と科学／原発事故を引き起こしたものに似た構造

3　インフラの撤退が地域崩壊を導く　089
過疎地域のインフラはストックか、負債か／「集落機能の低下が、地域維持を困難にする」は間違いである／少数派の排除としての行政サービス外し／「小さいものは効率が悪いから大きな集団に移りなさい」／二面性を見きわめる

4　この路線は変えられないのか　099
「選択と集中」がますます深みに私たちを引きずり込む／選択で守ろうしているもの、壊れるもの

第3章　「選択と集中」論の危うさ　107

1　増田レポートが目指すもの　108
その議論と、現状分析に見られる矛盾／提言は何を狙っているのか／増田レポートと一線を画す政府の論理

2　選択がもたらす排除の論理　113
「防衛・反転線」としての地方拠点都市／「すべての町は救えない」が示すもの／進化論の選択説／選ぶもの、選ばれるもの、選ばれないもの／排除の「人口ダム」論／「選択と集中」の対抗軸の形成へ

3　本来、選択すべきものは何か　126
膨張したものは何か、スリム化すべきはどこか／スリム化政策が採用されにくい理由

4　グローバル化の中で　133
誰が何を守るのか――国家と政府と国民／サービスの受け手としての国民像――依存する人間／自立した自治は可能か

第4章　多様なものの共生へ　143

1　何と何の対立なのか　144
家族をめぐるもう一つの選択／地域の画一性と多様性／選択の選択――なぜ選択なのか

2　現状認識と方向性――依存と自立、排除と包摂　151
自立と依存について考える／社会は経済と雇用だけで成り立っているのではない／排除から包摂、そして多様なものの共生へ

3　つくるべき多様な問題解決回路――上意下達と共同・協働　157
小さなものへの再編成は可能か／強権的な国家主義的手法／上からの選択と集中か、上と下とで協働するのか／経済的な誘導から、心理的・社会制度的な誘導へ

4　社会実験モデル事業による問題解決への試行錯誤　166
公募による社会実験モデル事業の提案／問題解決型モデル事業の展開プロセス／問題解決

は問題の全体像を知ることから
5　自治を通じて問題に真摯に向きあう　174
成長を目指すのか、問題解決を目指すのか／人口減少・地方消滅問題に本当に向き合うこと／路線の変更を導くために

第5章「ふるさと回帰」は再生の切り札になるか　181

1　人口減少への自治体対応を振り返る　182
「選択と集中」か、「ふるさと回帰」か／地域淘汰論が持つ首都圏の人々にとっての意味／自治体間人口獲得ゲームが導くもの／人口減少適応戦略と「すべて残す」
2　様々なふるさと回帰　192
ふるさと回帰への注目――若者Iターンに見るもの／回帰は検証される必要がある／団塊世代のふるさと回帰／各地で見かける団塊Uターン層／平成世代の地元志向／東京青森ゼミナールの風景から／回帰の複数の経路
3　UJIターン論をめぐって　210

Uターン・Jターンと第二次ベビーブーム／Iターンに垣間見えるもう一つのナショナリズム／三つのIターンと世代／Uターンをめぐる難しさ／政策化しやすいIターン／回帰をめぐる世代間の役割／持続可能な循環をつくりだす
4 複数地域所属という新しい姿 227
多地域居住という実態から／数の論理が地域を破壊する／「あなたたちにコストをかけたくない」／ゲームのルールを変えられるか

第6章 持続する制度を生み出す 241
1 多様性を認め合う新しいゲームの創生へ 242
未来の適切な組み込み／人口減少を生かす持続可能な社会づくり／ダブルにあるもの――多様な住民を認める／住民票の二重登録化という提案
2 住民とは誰か――成長・発展から循環・持続の住民政策へ 248
福島第一原発事故をめぐる避難問題から／バーチャル自治体――日常化する複数地域との関わり／二カ所居住・多地域所属――二つ以上の顔を持つ人々／一票の格差論をめぐって／住民と自治体の関係を、権利・協働・所属からとらえなおす

3「第二の住民」でできること 265
第二の住民から始まる新しいゲーム／特定のつながりを重視する——高速交通網の特定地域・特定住民の無料化など／里帰りを積極的に支える／ふるさと納税は地域とのつながりをつくるか？／回帰の目標を見定める／ダブルであって無理のない制度へ——持続と循環の仕組みをつくる
4「財が財を呼ぶ」から、「生きているもの」の論理へ 280
経済の原理から共生の原理へ／財は人を生まない／生きているものの論理から
終章 新しい社会を選べるか 287
地方創生はどの道筋で？／つくられた限界集落問題／明治以来の大転換——どちらに舵を切るのか／コンパクトシティの正しい理解／転換期の本当の選択
謝辞 299
引用文献 300

序章

地方消滅ショック

増田レポートを紹介する中央公論の表紙。
（2013年12月号、2014年6、7月号）

†「増田レポート」の波紋

二〇一四年五月八日、日本創成会議・人口減少問題検討分科会の報告「成長を続ける二一世紀のために「ストップ少子化・地方元気戦略」」（通称「増田レポート」）が発表された。そのレポートがいま大きな波紋を呼んでいる。レポートはその後、雑誌『中央公論』に何回かに分けて公表され、さらに『地方消滅』（中公新書）にまとめられて話題となっている。本書はその波紋の大きさに強い危惧を感じ、急遽書き下ろしたものである（以下、頁数のみを示した引用はすべて『地方消滅』からのものである）。

「二〇四〇年までに全国の市町村の半数が消滅する可能性がある」というこのレポートは、これまで人口減少問題を「あるのにない」かのように振る舞ってきた多くの関係者に強い危機感を与えつつある。「やっと重い腰をあげた」と喜ぶ声もあり、確かにその側面はある。しかしながら、危機を過剰に煽っては事態は良い方向に向かわないだろう。人口減少問題は、しっかりとその原因を踏まえ、適切な対処をもって切り抜けなければならないものだ。それどころか対策を誤ると、あらぬ方向へとさらに状況を悪化させていく危険性がある。そしてどうもこのレポートにはその嫌いがある。

本書ではこのレポートを批判的に読んでいくが、このレポートの批判が本書の主たる目的ではない。問題はこのレポートの内容よりもむしろ、こうしたレポートに対する国民の受け止め方、とくにそこに潜む地方や国家に対するものの見方にこそあると思うからだ。「自治体消滅」「地方消滅」といった予言・予測をいかに受け止め、いかに対応していくか――私たちはこの機会にこのことについてしっかりと考えなければならない。

私たちはいま大きな分岐点にいる。このレポートの示す道筋――「選択と集中」――はそのうちの一つにすぎない。それとは別に、私たちには少なくとももう一つの道があることを本書では示したい。選択肢は一つではない。どれが私たちにとって本当に選ぶべき道なのか。それを考える時間はまだ十分に残されているはずだ。

†地方消滅は避けられない？――悪意あるイメージの氾濫

その際、まず最初に注意をうながしたいのは次のことだ。それはこのレポートの発表後、人口減少対策や地域政策をめぐる報道の中に、見逃すことのできない読み――それも悪意ある読みや誤報、場合によってはリークさえも――が潜んでいる点である。

まず肝心の日本創成会議による消滅可能性都市の発表（二〇一四年五月）そのものがそうだった。そもそもこのときの提言の主旨は「放っておけばそうなるので、早く防ぎましょう」であったはずだ。しかしそれが「896自治体「消滅の恐れ」」（毎日新聞二〇一四年五月九日）や

「自治体の存続　人口減で厳しく」（日本経済新聞同日）といったセンセーショナルな見出しで広く報道され、あたかも自治体消滅・地方消滅が避けることのできない既定路線であるかのように扱われていた（そして、その後の増田氏の論文等を見ると、一部地域の消滅を否定していない。後述）。

さらにこの増田レポートを掲載する雑誌（『中央公論』二〇一四年七月号）では、その特集タイトルに「すべての町は救えない」という言葉さえ使い、「地域消滅」既定路線はより強く印象づけられていった。しかもそこには政権与党の主要議員や地域再生論の主要論客までもが登場しており（序章扉参照）、あたかも政府や知識人さえもが、地方消滅を事実として認めてしまっているかのような印象を与えていったのである。

そして同じ時期、次のようなことが起こっていた。筆者が知る限り、政府は「消滅させてもよい地域など一つもない」とする方針をとっているはずだ。ところが、二〇一四年七月四日、国交省「国土のグランドデザイン二〇五〇」が発表された際の新聞報道は不気味だった。「過疎地対象五〇〇〇カ所に集約」「人口減　住民は拠点周辺に」（朝日新聞七月五日付）という見出しで、国交省があたかも過疎地の人々を引きずり下ろす方針を掲げたかのように報じていたからである。だが、その本文を読んでみると、これは明らかな誤報だった（この点も後述）。記者がおもしろがって深読みした結果なのかもしれないが、どうもそう印象づけられるように誰かが仕向けている可能性があるようにも見える。

†「選択と集中」が象徴するもの

もっともまた冷静になって読み直してみると、国交省のグランドデザインには、そう誤読されうる論理が確かに内在しているようでもある。地域を守るために「小さな拠点」を確保するというプランを掲げながらも、増田レポートと同様に、地域の解消を導きうるあの論理――「選択と集中」が現れているからである。そしてどうも、この「選択と集中」という言葉こそが、報道を誤報へと導き、また私たちを「すべての町は救えない」という論理に引きずり込んでいる可能性がありそうなのだ。こうした論理に仕掛けられている罠にこそ、私たちはもっとも注意しなければならないのかもしれない。増田レポートのみならず、国交省の計画にさえ含まれる言葉や論理自体が、危ういものを含んでしまっている可能性がある。政府与党や各省庁の文書などに近年登場し始めている「人口ダム」という言葉にも、同じような問題性が潜んでいそうだ。

だがまた、そういった言葉の問題より以前に、地方消滅が既定路線であるかのように状況認識が傾いていくことには、別の理由もありそうだ。何かおかしな傾向が私たちの社会全体のうちに渦巻いているように思えるのである。そのように誰かが仕向けているのかもしれないが、それ以上に私たち国民自身が抱く社会への認識そのものが、危うい方向へと流れつつあるようだ。

いまや地方の存続をめぐってそれを素直に肯定できないほどまでに、上から下まで認識の足元がぐらつき始めているようだ。なぜそうなるのか。本書では筆者が気づいた限りで、その理由を示してみたい。ここではとくにこの「選択と集中」という語に注目して記述を行ってみる。他にも気になる点はあるが、どうもこの語に何かが象徴的に現れているような気がしてならないからだ。そしてその論理を批判するとともに、現在のこうした傾向を超えて、「地方存続」は十分にありうることを示していきたい。また、そうでなければならないということも順に考えていこう。

「選択と集中」ももちろん、考え方の一つとしてはありだ。またそれがうまくいくような文脈もあろう。だが世の中にはまた別の価値や考え方もある。人口減少や地方消滅予言に対しても「選択と集中」以外の道がありうるはずだ。ことさら道が一つであるかのような錯覚を抱かせる動きは強く警戒しておかねばならない。

選択肢を増やすこと、「選択と集中」とは別の視座がありうることを示すことで、私たちはもっと慎重に事態を見つめ、しっかりと地に足のついた対応を施せるようになるだろう。とともに、ここで示すことは、「選択と集中」よりも難しいかもしれない。「選択と集中」よりももっと先に歩みを進めねば、私たちが迎えている危機は乗り越えられないかもしれないのである。事態は緊急ではない。が、事態を見きわめなければ、抜け出せない罠に陥る恐れがあることを、私たちは十分に認識しておく必要がある。

†問題はどこにあるのか

自治体消滅、地方消滅、消滅可能性都市——様々なことがいわれているが、ここではひとまず議論の焦点を人口減少社会のゆくえに据えていくことにしたい。増田レポートそのものが「人口減少が進めばこういうことが起きる」という論理になっているからだ。そしてあらかじめ、この人口減少問題を考える上で理解しておくべきは次の点になる。

まず第一に、これは心理戦であること。危機感は確かに社会を統合させ、協働へと向かわせるよいきっかけになる。が、ショックが強すぎれば不安や恐怖を煽り、かえって社会を解体させることにもつながる。今回の人口減少ショックはどうも後者になっており、人々は「なにくそ、負けるものか」に向かわずに、「仕方がない」「どうしようもない」に傾きつつあるようだ。まずはその罠から脱却せねばならない。

第二に、悪循環をいかに断ち切るかが最大の問題であること。人口減少社会の到来は、近年起こったものではない。各自治体の人口推移を見れば、早いところでは一九五〇年代末をピークに半世紀以上も減少し続けてきた。人口が減ることで社会の活力が低下し、さらに人口が減っていく。問題はこの悪循環をいかに好循環へ(少なくとも人口維持できる「正循環」へ——以下この語はこの意味で用いる)と切り替えられるかである。この間の社会のあり方には何らかの欠陥があり、それを正すこと、いわば「路線の変更・修正」こそが求められる。その点で今回の日本創成会議の提案は元の路線の延長上にあり、さらに悪循環を促進させるのではないか。この点が筆者のもっとも危惧するところである。

第三に、この悪循環の根本には暮らしと経済の対立があること。本来、この二つは両立するはずであり、国民は豊かな暮らしを実現するために、日本の経済力を高める戦線に参戦してきたはずだった。しかしいつの間にか国民経済をハイレベルで確保することだけが優先されて、そのために家族や個々の暮らしが犠牲になってしまっている。家族や個々の暮らしが圧迫されれば子育てはできない。子どもも生まれない。それが人口減少の根本原因である。

第四に、それゆえこれは家族問題だということ。その際、一緒に住んでいる世帯だけを見ていては、家族という存在を見誤るだろう。「家族の世代間広域住み分け」(拙著『限界集落の真実』ちくま新書、二〇一二年を参照)の実態を踏まえて家族や地域を正しくとらえ、新しく持続可能な家族や地域社会のあり方を構想する必要がある。そしてそこに高齢者福祉や農業・農村再生、UJIターンや小さな拠点、子育て支援などの政策や制度がどう絡んでくるのかが問われるのである。

そして第五に、この地域問題を解く手がかりは、家族とともにやはり自治体にあるだろうということ。むろん現在の自治体には、地域が抱える悪循環をしっかりと問題提起し、解決へと結びつけられるような能力や権限はない。いや正確には権限はあるのだが、その手段・手法が確立されていない。その手段・手法を自治の根元から問い直す必要がありそうだ。例えば「住民とは誰か」、「自治体の領土とは何か」、あるいはまたその自治や自立はいかに確立されうるのか。こうしたことが私たちの未来を占う非常に重要な問いになってきたようだ。自治体をいま一度、大きな国家の中の小さな国として見つめ直し、本当の自治体を構想することが、この事態を切り抜け、正循環へと引き戻していく確実な道筋ではないか。逆にいえば、自治の未成熟こそが、現在の悪循環の大もとにあるものではないか。

†誰が流れを止めるのか

人口減少による地方消滅、そしてさらにはそこから国家消滅へ至るというのが、想定されている最悪のシナリオである。だがそれは、いったい誰がそのように導いているのだろうか。

ここには家族が関わり、地域が関わり、経済が関わり、政治が関わっている。要するに国民も国家もすべてが関係してこうした自滅への道を歩んでいるようだ。

ではこの流れを止めるのは誰なのかといえば、みなが関わっている以上、すべてを総動員して転換せねばならないという理屈にはなるだろう。とはいえ、この人口減少はとくに地方で、それも周辺で先陣を切って始まっているのだから、まずは周辺で生じている現象こそ食い止めねばならない。そしてそれはとりあえずその地域に住む人々自身が問題を認識し、その解決を考え実践していくことから始まるはずだ。

にもかかわらず、これを政府が何とかしろ、何とかできるはずだという雰囲気にどこかでなってしまっている。だが考えてみれば、出生の問題が根底にある以上、この人口減少問題の解決主体はあくまで家族であって政府ではないはずだ。それどころか、政府が直接家族に介入することこそ、もっとも避けねばならない。公的なものが私的なものに介入することで、良いことなど一つもないからだ。しかしながらどうも、政府が何ともできないのなら、地方消滅もやむなしという意識が生まれており、そして実際、政府の関わりなしにこの問題の解決は、現時点ではありそうにないようにも見えるのだ。

そしてそうした状況――家族からも国家からも問題解決へと誘う道が見えない状況――を利用して、国民の間に「諦《あきら》め」を誘発し、この国を何らかの方向に動かすためにこの「人口減少ショック」を使おうとしている人々がいるのなら、それはもっとも恥ずべきことといわねばならない。後で見るようにここで議論され始めている「選択と集中」論は、「地方切り捨て」「農家切り捨て」「弱者切り捨て」に帰結する。もしそれを本当にしたい（しなければならない）というのならば、裏でこそこそせずに堂々と議論すればよいのだ。小さなようだがこうした微悪を見過ごすことが、私たちを本当の破局に向かわせる元凶なのかもしれないのである。

それゆえ、例えば先のグランドデザインの誤報についても、なぜそうなったのかをしっかりと追究することが、この先のリスクを未然に防ぐ予防線になるだろう。だがまた気になるのは、国民の間にもどこかでこうした、他人が不幸になることをあからさまに示す議論を、喜んだりおもしろがったりする人がいるのかもしれないということだ。それがこうした誤報を生んだ契機になっているのは間違いない。しかし「選択と集中」による切り捨ては、それが始まればやがて自分にも降りかかってくる。地方を消滅へ、そして国家を破滅へと導くのは、自分自身に関わる問題を他人事のように考えている私たち自身かもしれないというわけだ。

†道は一つではない

人口減少が社会の活力を低下させ、さらに人口を減少させる――私たちが陥っているこの悪循環は、経済や財政の悪化によるものというよりむしろ、社会的要因や心の問題によるものというべきだ。心理的要因が、社会や経済や財政の動きと絡まり合ってこの人口減少という事態につながっている。

もっとも、私たちは幸いまだ健全だ。人口減少も全体としては始まったばかり。適切に対処すれば別の道が拓かれる猶予は十分にある。しかしまたこの悪循環に完全にはまり込めば、一億二〇〇〇万人が進める負のスパイラルはおそらく誰にも止められないものになるだろう。

東日本大震災以降、私たちの社会の様子が「一つ前の戦争（第二次世界大戦／太平洋戦争）に似ている」と指摘する声が色々なところで囁かれるようになった。この謂いが本書でも何度か登場するだろう。人口減少をめぐる心理戦・情報戦も、まさにさきの戦争に似ているようだ。私たちはどうも新しい戦時下にいるらしい。そしてその戦線は二〇年前までの連戦連勝から停滞しており、私たちはいま非常に焦っている。

だが今度ばかりは戦線を見きわめ、危うい方向へと進むことを未然に防ぐ必要がある。この本がそうした論理づくりの一端を提供できればと筆者は願う。そして、もっと多くの人が自分たちの立場を率直に説明し、多様な立場からの多様な議論が有機的につながりあって展開していけば、「これならやっていける」という道筋は必ず見えてくるはずだ。そこで初めて何かの好転が始まるに違いない。ともかく道は一つではないのだ。

†本書の構成

ここまで簡単に紹介してきたように、地方消滅をめぐる議論には多くの罠が仕掛けられている。そして、この問題の原点は人口減少にあるようだから、本書はまずは人口減少という現象の分析を中心に進めていこう。

第一に、人口減少をどうとらえるか。そしてその対処法としてどういうことが考えられるのか。まずはこの点について考えていこう（第1章、第2章）。その中で、増田レポートの提案が選択肢の一つにすぎないこと――それもかなり危うい選択肢であること――も見えてくるだろう。

第二に、では別の選択肢はいかにありうるのか。増田レポートが出たことでかえって別の道も明瞭に見えてきそうだ。このレポートの論理を批判的に検討する中から、もう一つの選択肢を探っていきたい（第3章、第4章）。

そして第三に、もう一つの選択肢――ここではこれを、「選択と集中」に対する「多様性の共生」として示す――を推し進めるために、どんなことが具体的にできるのかを考えてみたい（第5章、第6章）。そこでは現在私たちが当たり前と思っていることに対して、常識崩しといえるほどまで、新たな考え方を展開しなければならないのかもしれない。

なお筆者は、いわゆる地方消滅論のうち、限界集落論や三・一一後の東北論については、それぞれ『限界集落の真実』『東北発の震災論』（ちくま新書）に詳しく記したので、できるだけ言及を避けた。あわせて参照いただければ、ここで述べていることの意味はよりよく伝わるものと思う。本書を、「増田レポート」への単なる批判書ではなく、これまで筆者が積み上げてきた議論の「増田レポート」を糸口とした発展型として、あるいはまた入門編として読んでいただければ幸いである。

地方や周辺のことを、中央や中心にいる（と考えてしまっている）多くの方々に理解してもらうことは大変難しいようだ。だが、このレポートの衝撃がかえってそうした理解のきっかけになるならば、私たちがいまいる隘路《あいろ》から抜け出す近道になるかもしれない。そういう思いを本書から汲み取っていただければと願っている。

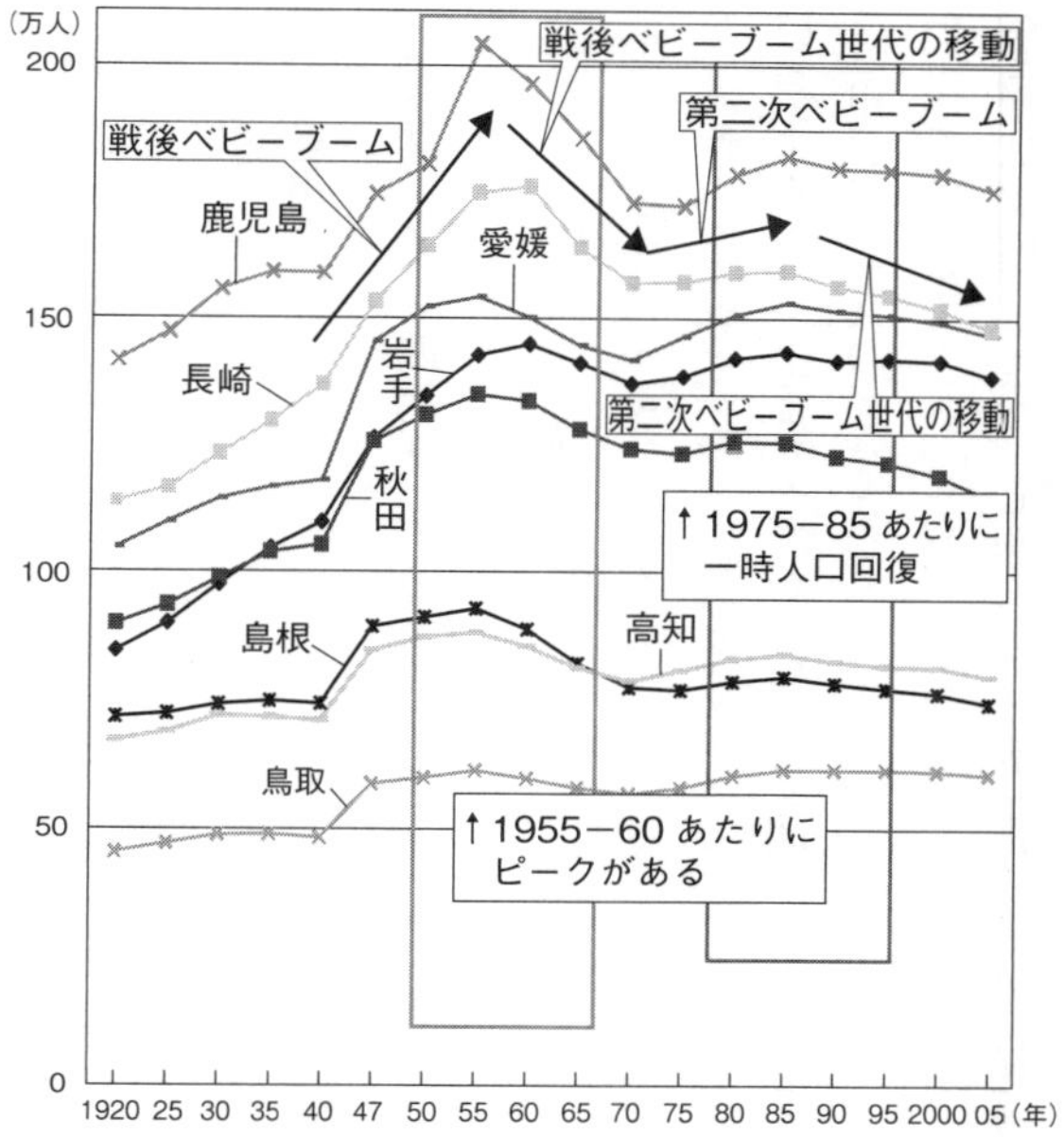

第１章

人口減少はなぜ起きるのか

過疎地域を抱える主な県の人口推移(国勢調査)。

1　人口のつくられ方

†自然増減と社会増減

人口減少はどういう問題なのか、まずは根本から考え直してしっかり理解するところから始める必要がある。まずはごく当たり前のことから確認しよう。

人口動態は、次の四つで構成される。

まず①出生と②死亡があり、その差し引きが「自然増減」になる。

さらに③転入と④転出があり、同じくその差し引きが「社会増減」となる。

人口減少するのは、①よりも②が多い（自然減）か、③よりも④が多い（社会減）かであり、かつその和がマイナスのときである。

日本全体では近年まで長期にわたって自然増が続き、また社会増減はごく小さいため、全体の人口も増加を続けてきた。しかし二〇〇五年に初めて自然減に転じ（二〇〇六年は自然増、二〇〇七年より再び自然減）、国勢調査でいえば二〇〇五－二〇一〇年の間に全体の人口も減少

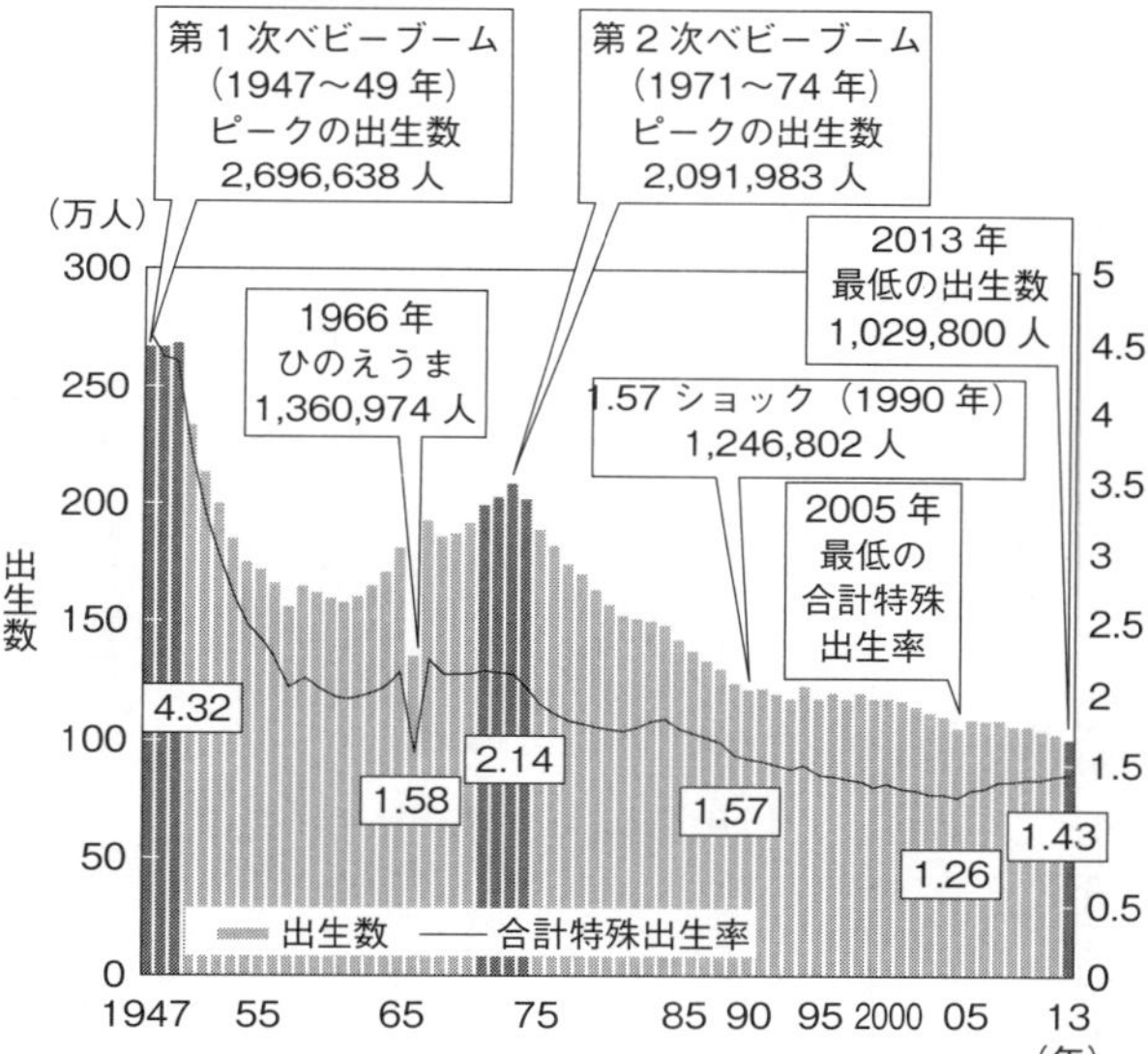

図1　日本の合計特殊出生率と出生数の推移
出典）厚生労働省「人口動態統計」（『地方消滅』中公新書、P.12より）

した。

自然減の原因としては、死亡数の増加もあるが、やはり出生数の減少が大きい。とくに一人あたりの女性が子どもを産む数（出生率）が、人口維持水準を大きく下回っていることが要因であると見られている。合計特殊出生率（一五～四九歳までの女性の年齢別出生率を合計したもの）が二・〇八で人口維持水準といわれているのに対し、二〇〇五年の期間合計特殊出生率は一・二六まで下がった。ただしその後回復し、二〇一二年には一・四一、二〇一三年には一・四三となっている〈図1〉。

もっともこの人口推移は全国レベルのものであり、地域別には違う様相を見せる（第1章扉図参照）。都道府県別・市町村別に見ると、一九六〇年前後に人口のピークを迎え、すでに半世紀前に人口減少を始めている地域がある。もっともこの時期の人口減少（第一次過疎）は社会減少が大きな原因であり、自然増減では増えていた。それどころか七〇年代前半には第二次ベビーブームが生じて人口は各地で持ち直しもしたのである。

しかし一九九〇年代に入ると、いわゆる過疎市町村で自然減に転換する地域が現れ始める。社会増減は微減に収まっていたものの、自然減の拡大が人口減の大きな原因となっていく。新過疎（第二次過疎）とも呼ばれ、九〇年代後半には市町村レベルを超えて、県レベルでも自然減が現れ始めた。自然減の原因については、とくに子どもを産む若い世代の過剰な流出があったことが指摘されている。つまり、少子化＝人口減少社会を迎えたのは地域別に見れば最近のことではなく、すでに二〇年前から始まっていたということになる。

日本全体の自然減は二〇〇七－八年頃とされており、今後さらに子どもを産む世代が縮小するので、人口減は加速化していくと見られている。また二〇三〇年代には私たちの中でもっとも人数の多い団塊世代が平均寿命を越えるため、死亡数が最大化し、人口減少が急激に進行すると考えられている。そしてこの時期、子育て期を迎える世代（平成二桁生まれ世代）の人口はもうすでに縮小してしまっているので、このままの推移でいけば、二〇四〇年代までには考えられないような急速な人口減少に見舞われる――そうした警鐘がしばらく前から鳴らされてはきたのである。

†雇用と育児対策で問題は解決するか

人口は国の形を決定的に左右する。この国では明治期以来、人口は一貫して増加し、私たちも人口増を前提としてつねに国の将来像を描いてきた。これに対し、急激な人口減少、それも出生数低下による自然減は経験したことがないため、今後何が生じるか予想もつかない。

では、このような事態に対して、とりあえずどのような対策がありうるのだろうか。先に触れた人口変動の四要素、①出生②死亡③転入④転出で考えれば、②の死亡はいくら引き延ばしても問題解決にはならず、また③の転入すなわち移民も、結局は対症療法でしかない（それどころかかえって問題状況をこじれさせる危険性もある）。そのため、結局は①の出生の量をいかに維持するかにかかることになる。要するに、出生数がなぜこれほど低いまま推移するのか、その原因を究明し、またそれをいかにして回復させるかが私たちにとっての課題となる。

増田レポートはこうした問題を、人口推計を用いて詳しく読み解き、出生数の上昇・維持をはっきりと目標に掲げた。こうした問題意識は確かに広く共有すべきものだろう。

だがこの「出生数を回復させる」というのは簡単なことではない。

例えば、二〇一三年（平成二五）六月発表の政府の少子化社会対策会議「少子化危機突破のための緊急対策」の柱（「3本の矢」）に「子育て支援」「働き方改革」「結婚・妊娠・出産支援」が掲げられている（『少子化社会対策白書』平成二六年度版、図2）。だが、こうしたいわば「厚労省でできること」の積み重ねで果たして万全な少子化対策といえるのか、疑問に感じた人も多いはずだ。

それに対して増田レポートでは、地域政策と人口政策を関連づけている点が注目される。大都市圏、中でも首都圏の出生率の低さに注目し〈図3〉、「東京一極集中に歯止めをかける」ことを人口対策の中心的な柱としている。この論旨は筆者も強く同感するところだ。

しかしながら、その少子化対策の具体的な提案内容を見てみると、首をひねらざるをえないものとなっている。増田レポートで示されている少子化対策の骨格は、次の二点にまとめられよう。

まず第一に、地方で子育て世代の雇用を確保すること。これによって子育て環境の悪い首都圏への人口流入を防ぐ。「地方において人口流出を食い止める「ダム機能」を構築し直さなければならない」（四七頁）とされ、そのために「「若者に魅力のある地方中核都市」を軸とした「新たな集積構造」の構築」が目指すべき基本方向として掲げられている（四八頁）。

そして第二に、国民の「希望出生率」（ここでは一・八とされている）を実現すること。その

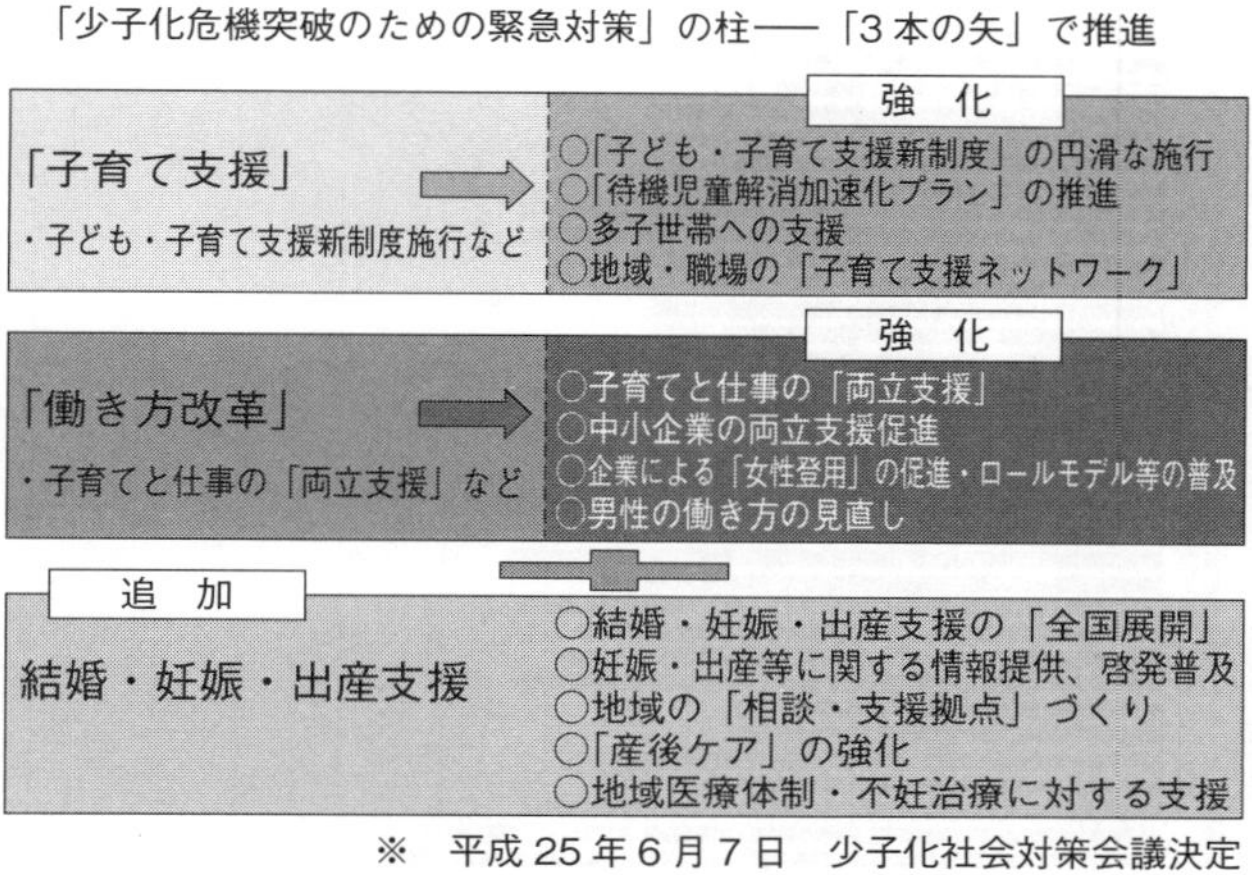
「少子化危機突破のための緊急対策」の柱――「3本の矢」で推進
強　化
「子育て支援」
・子ども・子育て支援新制度施行など
○「子ども・子育て支援新制度」の円滑な施行
○「待機児童解消加速化プラン」の推進
○多子世帯への支援
○地域・職場の「子育て支援ネットワーク」
強　化
「働き方改革」
・子育てと仕事の「両立支援」など
○子育てと仕事の「両立支援」
○中小企業の両立支援促進
○企業による「女性登用」の促進・ロールモデル等の普及
○男性の働き方の見直し
追　加
結婚・妊娠・出産支援
○結婚・妊娠・出産支援の「全国展開」
○妊娠・出産等に関する情報提供、啓発普及
○地域の「相談・支援拠点」づくり
○「産後ケア」の強化
○地域医療体制・不妊治療に対する支援
※　平成25年6月7日　少子化社会対策会議決定

図2　政府の少子化対策「少子化危機突破のための緊急対策」の柱
出典）内閣府『少子化社会対策白書』平成26年度版より

ために（地方、大都市圏に関係なく）、若者の収入確保、結婚・妊娠・出産支援、子育て支援（とくに保育所待機児童問題の解消）、そして何より女性の働き方の改革を求めている。

つまりこの提言は、まずは少子化の原因を「子育て世代に経済力がないことが原因だろう」と見ている（これは地方に限らず、大都市においてもそのように認識されているようだ）。加えて、女性の働き方の改革への執拗な言及を見ると、とくに「子どもを持つと女性が働きにくくなることが原因だろう」と認識していると考えられる。

さて、この「経済力がないことが原因だろう」「女性が働きにくいことが原因だろう」は、果たして少子化問題への適切な認

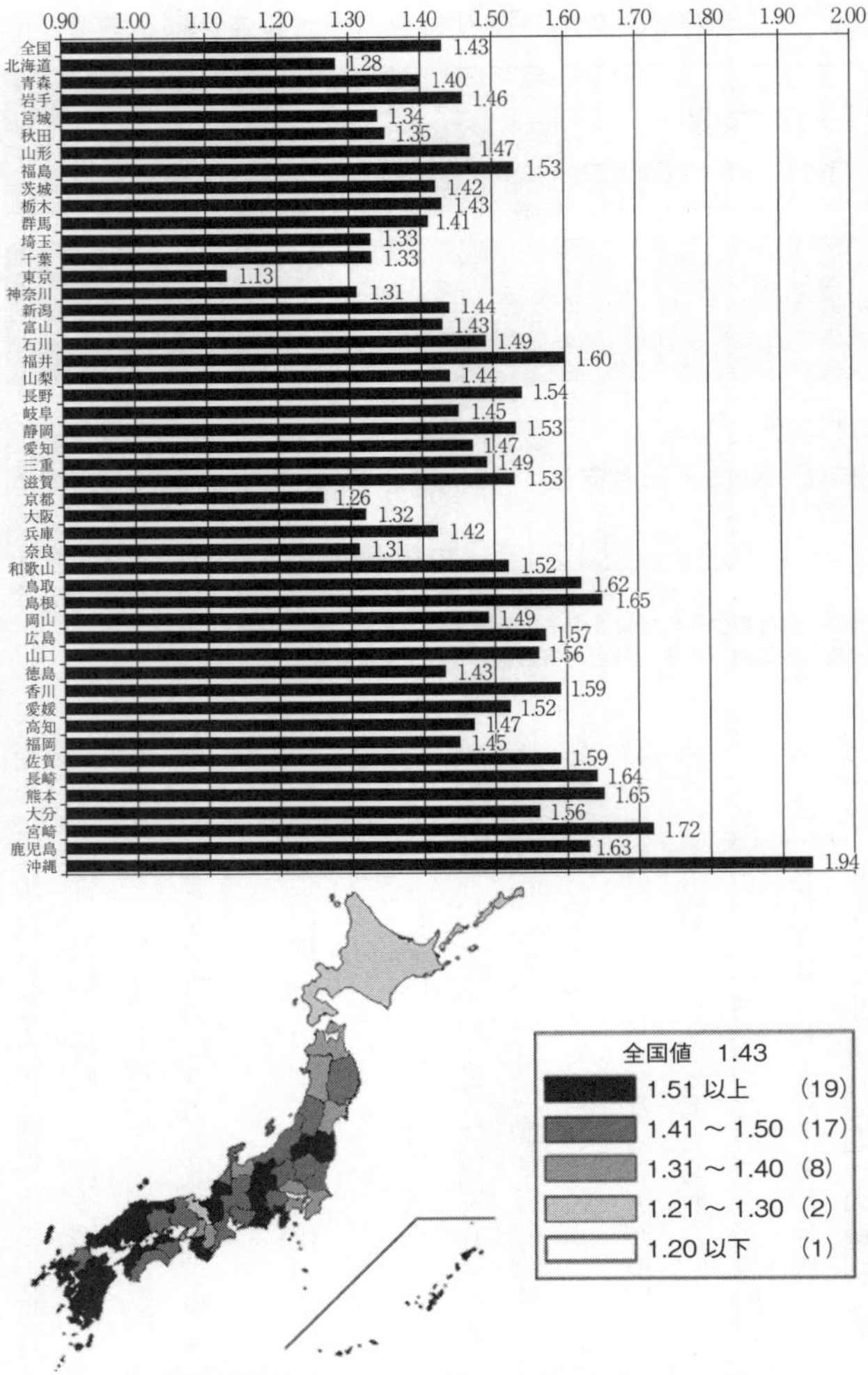

図３（上） 都道府県の合計特殊出生率（2013 年）（下）合計特殊出生率マップ
出典）厚生労働省『平成 25 年人口動態統計』より作成

識なのだろうか。その認識で十分なら、すでに従来の（現行の）対策でもっと効果が出ていてよいはずだ。

また提言では、地方と大都市圏の状況の違いも不明確である。例えば保育所の待機児童問題が大都市圏も地方も一様に議論されているが、地方にはむしろ入る児童が少なくなって困っている保育所の実態もある。東京一極集中を議論している割には地方の実情には配慮が足りないようだ。少子化対策には、地域毎の事情に即した細やかな対処が必要なはずである。

現在、私たちが迎えている人口減少は、このレポートで考えているものよりももっと深刻なものである――そうした認識が必要なのではないだろうか。というのも、いま私たちがいる自然減少社会は、従来、「こうなるだろう」といわれていた道筋を大きく外れてしまっているからだ。そうした大局的視点が、増田レポートには欠けているように思われる。

†過少産多死社会から過少産少死社会、そして消滅へ？

というのはこういうことだ。

「人口転換」という考え方がある。

人口転換とは、伝統型社会から近代社会に移行するにつれて、人口再生産のあり方が変わり、そのことによって社会の人口構成に大きな転換が起きるというものである。伝統型社会の多産

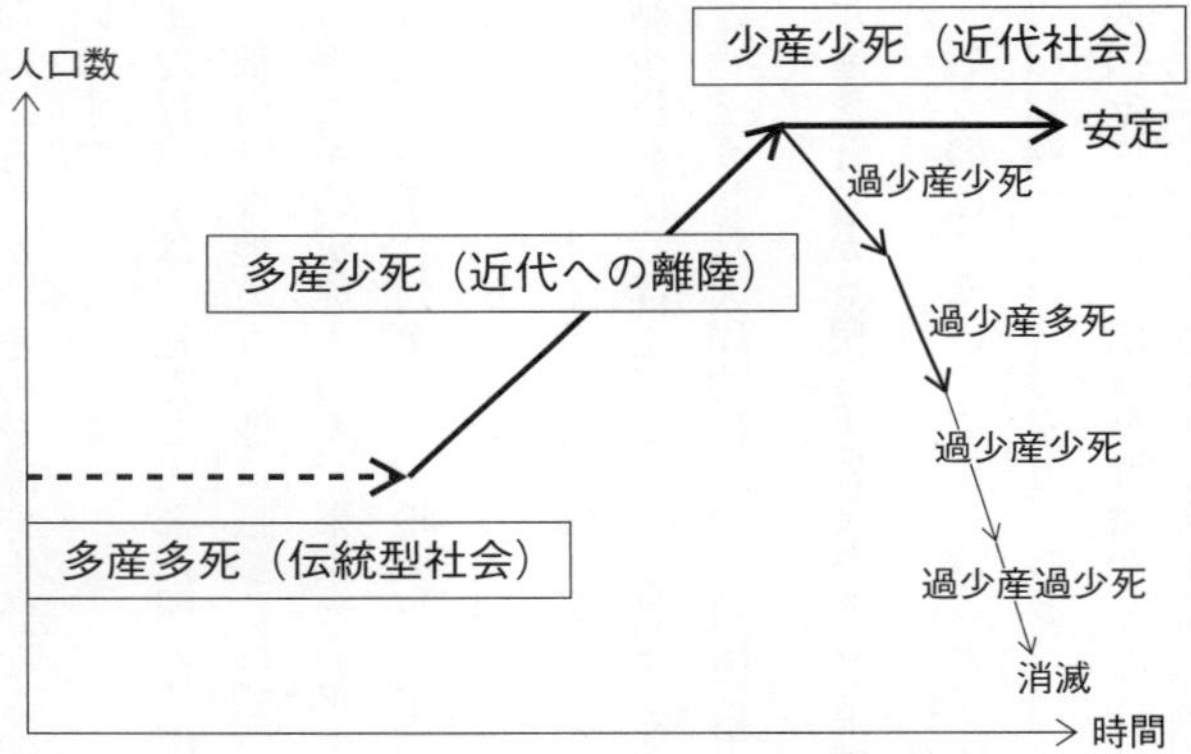

図４　人口推移のモデル

多死状態から、多産少死（近代への離陸）を経て、近代社会の少産少死社会に至る。こうした説明では、一時的に人口は急増することがあっても、それは過渡的なものであって、最後は人口を高いレベルで維持して再び安定化すると考えられてきた〈図４〉。

ところが日本がいま迎えている問題は、この少産少死の後に少産多死が生じることであり、しかもそれが単なる少産多死ではなく、過少産多死になるだろうということである。

多死期がくるのは、団塊世代がまとまって平均寿命を越え始めるからであり（二〇三〇年代）、一時的には大変だろうが、この世代が死に絶えれば波は終わり、それだけなら再び少産少死で安定するはずだ。

問題は、私たちの社会がこの安定化への道筋をそれて、少産が単なる少産ではなく「過少産」となりつつあることであり、子どもの生まれにくい社会が成立してしまったことにある。少産少死（近代社会）はすでに過少産少死の状況を呈しており、そのためにさらにこの先に生じる少産多死が過少産多死となって、さらに、過少産少死、過少産過少死、消滅という結末が、少なくとも論理的には想定されうるようになってしまった。安定どころか、このまま何らかの転換がなければ、社会としての持続可能性が望めないということなのである。

これはどう見ても「文明の消滅」を予言するような異常事態である。果たしてそのような事態を、雇用の確保や女性の働く条件の整備のみで解決できるのだろうか。そんなに簡単な問題ではないはずだ。問題の原因をもっと入念に探り、その解決についてじっくり考える必要がある。いきなり対策を考えるから、雇用確保や子育て整備しか出てこないのかもしれない。家族や人生といった側面から、少子化の原因と思われるものをもっと幅広く拾い出してみる必要がありそうだ。

2　暮らしの側から出生数低下の原因を探る

†少子化はなぜ起きるのか

出生数は、婚姻（事実婚も含めて）および、婚姻後の出産数によって決まる。

かつては五人も六人も、あるいは十人以上も一人で産む人がいたが、それでもやっと二、三人が生き残って結婚し、次世代を形成していたという時代もあった。また出産に伴う母子のリスクも高かった。こうして大量に生まれ大量に死ぬことで、人口はある水準を超えては増大せずに維持されてきた。増えすぎれば死に、減りすぎれば生まれてきた。いわば大量の生き死にで人口は調整されてきたのである。

これに対し現代は生命の危険は少なく、多くの人が平均寿命近くまで生き延びるので、過剰に産む必要はない。出産数も制限できるので、必要な人数を必要なだけ産むことが論理的には可能だ。にもかかわらず、人口維持に必要な数さえ生まれてこなくなっているのはなぜか。

かつては、人口は放っておけば増大するものであり、むしろ増加を食い止めるほうが難しいとされてきた。現在でも世界の多くの地域で人口爆発が続いており、食糧や財の分配をめぐる紛争を生じ、貧困と飢餓をもたらし、重大な国際問題の原因であり続けている。にもかかわらず我が国を先頭に、いわゆる先進国では逆に人口の自然減少が問題視されている。では日本における少子化の原因は何だろうか。

出生は、人生と人生の交差点で生じる。そこでは、各人の人生が様々な社会（家族、地域、企業、行政など）と深く関わっている。もっともそこには個々人や家族の思惑はあっても、社会が統制的に働くわけでもなく、出生は別に誰かが決めるというよりは、まさに「授かりもの」だった。人の生に関わることは本来、社会が手をかけるべきものではない。そしてそれでこれまではうまくやってこられたのである。

しかし現在、人生の交差点に複雑な要素が入り込んできて、人々の間で様々なタイミングが合わなくなっている。そのことが出生数の激減という形で現れてきた——日本の現状に関してはそのように認識することが適切なようだ。このことは子どもが生まれてくるために、いまやクリアすべきハードルがいかに多いかを考えてみれば分かるだろう。

†雇用の確保は出生率の上昇に寄与するか

増田レポートが、人口減少の理由の一つを「子育て世代に経済力がないからだ」においていることはすでに記した。

最初に指摘しておかねばならないのは、もし本当にそうなら、失業率の高い沖縄県で出生率が高いことは説明できないし、そもそもいわゆる発展途上国で人口増大する理由が理解できないということだ。経済力と出生力を結びつける考えは、決して広く認められたものではない。経済水準と人口増加はむしろ背反するのではないかという疑問さえ湧くが、ともかく日本の現実に基づいて考えてみることにしよう。

確かに子育てを実現するには、夫婦のどちらかに現金収入を確保するような仕事があること、それも夫婦と子ども二人の家庭であれば四人以上の家計を維持するだけの収入がある仕事に就いていることが必須の条件になろう。

かつては一般のサラリーマン男性一人の所得でも十分にその条件を満たしたので「専業主婦」も生まれた。しかしいまや一人あたりの賃金が抑えられているので、それだけの収入を確保しようとすれば夫婦共働きが必要になる。家族の側からすれば、以前よりも倍の雇用が必要になり、とくに地方では収入の高い雇用先が得がたいので、「雇用を確保する」ことは、出生率上昇のための必要条件のように見える。

しかしながら、物事はそう単純ではない。共働きをすると夫婦の時間は合わず、育児に割く時間は減る。また共働きを実現するためには、育児を誰かに代行してもらわねばならず、それを保育サービスで行おうと思えば、それに支払うための収入がさらに必要になってくる。逆にいえば、子育てをするには、家族が食べるだけでなく、保育サービスを手に入れるための収入も必要であり、だからこそ共働きが必要だということにもなる。そこで先のように、①雇用をつくることと、②保育所の整備がセットになって出てくるのだろう。

だが、子どもはただ産めばよいとか、育てばよいとかいうものではなく、そもそも子育てを楽しみたいのでもある。とくに子どもの数が一人から二人ということになれば、子どもたちにはよりお金も手間もかかるし、愛情も注がれる。しかしながら現状では、子どもを持つには働かねばならず、肝心の子どもに会うことはできずに、結局、育児は外注という矛盾が生じる。その意味では、第二子・第三子の育児にインセンティブを与えようという議論もあるが、そもその第一子で力尽きてしまうという現実がありそうだ。

要するに子育てには、経済力以前にゆとりのある時間の創出が必要なのである。そして時間が必要という点からすれば、家庭からの労働力としての人員の放出が家族の時間を奪い、出生率を下げている可能性のほうが高い。そうした状況で雇用を増やしても、さらに出生を妨げるだけではないか。まして労働力としての人員の増大が全体としての賃金を引き下げるとしたら、子育てのための労働市場への参入が、ますます人々を苦しめることになる。

だが、以上は夫婦になっている男女の場合の議論である。その前にまず結婚が必要であり、多くの人が長く単身のままでいること、すなわち晩婚化が出生数に大きく関わっているといわれている。そしてこれも男女の労働力動員が関わっている可能性がある。男女ともに労働市場に出て働けば、そもそも職場以外に男女の出会いが少ないので結婚に至りにくい。かつては家同士の関係で、あるいは見合いなどというものもあって、相手をすべて自分で選ぶ必要はなかった。現在でもそうであるなら、あまり問題はない。しかしいまやすべて自分で解決しなければならず、しかも相手ができても今度は互いに働いているので、お付き合いするための余裕も乏しい。

そしてたとえ付き合っていたとしても、婚姻＝出産には、少なくとも二〇年から三〇年先が見えていることが必要である。しかし、すでに終身雇用ではなくなり、人生設計の見通しが立たなくなっている。それゆえ若い人ほど結婚のハードルは高いということになり、そしてようやく資力ができたときには適年齢を過ぎているわけだ。すでに団塊ジュニア世代がその時期を過ぎ（近年の出生率の回復はこの世代の駆け込み効果だったともいわれている）、第三次ベビーブームが起きなかったことを重視しよう。その理由は十分に検討されねばならない。ともかくすでに、この世代が二〇歳代の頃から――二〇年前から――こうなる予兆は出ていたということになる。

†経済力と暮らしのバランス、そして心理的問題

こう考えてみれば、出生数・率の低下を、経済的問題+女性の働く環境の不備と理解し、これらを解決して出生率を上げようとする方策は、果たして現実の出生をめぐる悪循環を断ち切るものか、甚だ疑問といわざるをえない。

実際に生じている悪循環は、雇用の確保や保育所の確保で止まるものとは思えない。むしろすでに家庭から夫婦ともども労働市場に動員してきたことが、賃金の低下や家庭を切り盛りする人員の不足、時間の余裕のなさにつながり、それが人口減に帰結したと見たほうがよさそうだ。それを雇用の拡大と保育所などの働く環境の整備で解決しようというのは、人口減ショックを利用してさらに家庭から労働市場へと人々を動員しようとする陰謀にさえ見え、悪い冗談を聞いているかのようだ。

要するに、「出生」は、経済のみで決まるものではなく、家族・夫婦・人生のあり方で決まるものだ。そして全体の出生数は、結婚数(夫婦・世帯の産出)×一夫婦あたりの出生数で構成される関数だから、出生数の低下は、「結婚しないこと/あるいは晩婚化」や「各夫婦が産む子どもの数を制限すること」によっても生じている。これらは人生設計のあり方そのものである。「経済力」はこれらを決定する重要な変数ではある。しかしそれはつねにプラスに働く

とは限らない。逆に人生設計とは背反さえする。

では経済力とは別に、この問題に深く関わる変数とは何だろうか。

まずはいま述べたように、「暮らしの余裕」が重要である。経済力は暮らしの余裕をつくりだすが、他方でさらに高い経済力を獲得しようとすれば、暮らしの余裕を犠牲にすることになる。経済と暮らしはバランスよく構成されていなければならない。そのバランスを欠いたことが出生率低下の原因である。そしてこのことが、首都圏と地方での出生率の違いにも現れているのだろう。

考えてみよう。首都圏の郊外で夫婦共働きだと、都心にそれぞれが働きに出れば、その通勤だけでも相当な時間が家庭領域から経済領域へと振り向けられていることになる。片道一・五時間×往復×二人とすれば、一家庭あたり六時間が毎日犠牲になっている計算だ。これでは家族の側に余裕のあるはずがない。

増田レポートでも、仕事と生活のバランスは「ワークライフバランス」として強調されている。しかしその掛け声のすぐ後で「女性の活躍促進」「女性登用の推進」「生涯現役社会」が提唱されてしまう。男女の雇用機会均等は望ましいことだとしても、「生産年齢人口が減少し続けているなかで、女性は「最大の潜在力」」(八六頁)という言い方には、「人口減少問題」を強調しておきながら話が女性の労働力動員に奇妙にすり替えられていて、このレポートは正面から人口減少問題に対して答えるつもりがあるのか疑ってしまう。

さらに経済力は、心理的な問題を解決してこその経済力であり、これだけの金が入るということだけでは何の解決にもならない。

結婚し子どもを産み育てること――人生を設計するのに絶対的に必要なことは、未来に対する安心感である。逆に不安や不安定が結婚、出生数を抑制する。経済力は必要だが、短期的なものでは意味はない。むしろ経済力は低くても、将来にわたって食べるに困らない（と感じられている）ことが大切である。非正規雇用や不安定就労をいくら増やしても出生数は伸びない。

他方で、農山漁村・地方では、それが安定的に提供されるなら、家業（農林漁業）と組み合わせて（兼業）、非正規やパートにも十分意味がある。かつての誘致企業や第三セクター政策が持っていた効果を思いおこそう。役場や農協の職員という地位にも、地域の安定性を確保する点では十分な意味があった。低賃金でも、あるいは閑職でも、安定してそこに一定程度の人口が存在していること（存在すると考えられていたこと）が、全体としての暮らしの安心感につながっていたのである。低賃金のパートという働き方にも、「すべてを家庭から出さない」抵抗としての意味合いもあった。

安定した経済基盤が存続するのなら、そこから得られる経済力は小さくとも、また就労環境が多少不安定であっても、必ずしもそれは人口減少にはつながらない。子育て回避という心理が引き起こされるのは、経済が小さいからではない。子育てという戦略を立てるに足るだけの、暮らしの中長期的安定の見通しがつかないからである。いつでもどこでも企業の都合で雇用が切られる。あるいはいまはある会社も、いつどんな形で突然なくなるか分からない。いきなり前触れもなく路頭に迷う可能性があること。その不安が私たちの心理に食い込んでしまっている。このことこそ、人口減少が止まらない要因と見てよさそうだ。

そしてだからこそ、家から一人でも多く正規雇用で張り付いていたほうがリスクは低いとみな考えてしまうのだろう。しかしまた、核家族化も進んで家族の成員数は激減しているのに、かつては一家庭で一人だけ労働市場に出ていたものが、いまや二人以上出さなければならなくなっているとすれば、子育ては大変なはずだ。そう、心理的要因に次ぐもう一つの人口減少の要因は、家族を含めた社会的環境の変化である。次にこのことを考えてみよう。

†家族の変化と子育て負担

経済力以上に、家族や人々をとりまく社会環境の変化もまた少子化に深く関係している。いまや社会的環境が子育てに向かない状態にある。増田レポートもそれを踏まえてはいるが、結局はその補塡を保育所整備で対応しようというだけで、家族や地域を取り戻そうというものではなさそうだ。

まずは家族との関係について考えてみよう。

いまや家族規模が縮小し、また親子が遠距離に住んでいるので家族の協力が得られず、とくに都市では夫婦のみで子育てをする必要がある。それでも例えば首都圏出身の夫婦であれば、都心で働いても近くに親がいればそのサポートは受けられる。これに対して地方出身者は、親のサポートを受けられないばかりか、きょうだいもバラバラであり、さらには盆と正月には無理をして田舎に帰らねばならない。筆者はこの「家族の広域拡大化」を、『限界集落の真実』では過疎地を守るための戦略的適応の一つとして説いたが、この広域拡大化がこれまで家族や地域を存続させてきたやり方だったとしても、人々に大きな無理を強いてきたことは否めない。

また、いまや子どもの数が減っており、このこと自体が子育てをしている夫婦への負担にもなっている。かつてはきょうだい数が多く、きょうだい同士で面倒を見て育ててもいた。また子どもも家事労働力の一部であったから、子どもの数も多いから手がかかるのではなく、むしろ逆だった。しかし少子化によって、いまやすべてが夫婦の手に委ねられることになる。

寿命が伸びたことも家族の変化としては大きいものだ。かつては親の死や隠居によって若くとも家督と財産が譲られた。経営権と資本をもとに、若い人でも自分の才覚で様々な投資が可能だったのである。いまや子ども時代の延伸が生じていて、場合によっては三〇歳代まで親に養われ、その関係には「パラサイト」という言葉も付されている（山田昌弘『パラサイト・シングルの時代』)。

加えて財産が家単位ではなく個人所有となったので、仕事を引退し、子育てを終えた年代が、寿命の延伸とともにその資産を自分の老後のために確保してしまい、次世代の結婚・出生・出産にまわらなくなっていることも構造的にはありそうだ。場合によっては人間のためにも使われず、ペットに振り向けられている。こうした家族の変化自体が、家族の再生産を難しくしている。そうした実態を問わずに、ただ単独で子育て環境のみを議論しても問題解決にはほど遠いだろう。

†地域が支える子育て環境

そして社会的には、家族とともに地域との関係が重要である。

地域コミュニティが培ってきた豊かな子育て環境も都市部では大きく損なわれ、子育てに関わる問題もすべて夫婦で解決せねばならなくなってしまった。NPOやボランティアなどの支援はあるが、まさにかつてはあったものがなくなってきたからこそ代替的に補填されているものだ。公園ではいまやペットと子どもたちの居場所の取り合いさえ生じ、しばしばペットに人間が負けている。公園で遊ぶ子どもの声が騒音だと訴える人まで現れる始末だ。電車や食堂では子連れの夫婦がマイノリティ化して、子どもが泣くのにさえ冷たい視線が送られる現実がある。集合住宅でも平気で子どもにうるさいと怒鳴る人も増えた。子育てそのものが、肩身の狭い思いをしてするものになっている。

人が結婚し、子どもを産み育てていくためには、そもそも結婚を祝福し、子育てを奨励する環境がそろっていなければならない。それは職場のみならず、家族や地域との関係にも必要だ。私たちは職場でも家族・地域においても、子育て要件を失いつつある。それを保育所の設置などだけで考えて十分なのか。保育所はむろん、その条件整備の一つだとはいえる。企業の努力も必要だろう。しかしそれがすべてだとすれば方策を誤るだろう。家庭や地域でやっていたものを、保育所や企業ですべて肩代わりできるものではないからだ。そもそも家族なし、地域なしには子どもは育たないのではないか。学校も重要だ。公民館も重要だ。また地域のお店、商店街、様々な人々の和も重要だ。だがこれらを取り戻すには、あまりにも家庭から、地域から、労働力として人員を提供しすぎた。

学校運営に関わるにも子育て世代には余裕がない。近所の子どもたちの顔さえ分からない。学校帰りに寄る店もないから、安心して地域に子どもを送り出せない。地域の店や商店街が果たしていた役割を大型店やスーパーで果たせるわけもない。町内会も一部の人のみで運営されている。他方で家庭は夫婦二人で切り盛りせねばならず、そのためにも経済力が必要だ。しかし経済力を得るためには、家庭を犠牲にしなければならず、これでは子育てなどは到底無理だ。

†全国総都市化がもたらしたもの

重要なのは、それでもなおこうした子育て環境がそろうのは、都市よりも農村であり、また中央よりも地方だということなのである。あるいは郊外よりも都心の旧市街地である。それなのに人口配置はいまや完全に逆転している。農村よりも都市に、地方よりも中央に、そして都心よりも郊外に、若い子育て可能な人々が集まっていく。この人口配置だけをとってみても、なぜ少子化が進むのかはよく分かる。

農村の環境と都市の環境を比較すれば、都市は仕事・収入はあるが、家族・地域の紐帯《ちゅうたい》は弱く、出生数が小さくなるのは仕方がない。これは歴史的・構造的にそうなっているので改善は難しいものだ。歴史人口学ではこれを「都市蟻地獄説」などともいい、都市がつねに人口減少地帯であったことはよく知られている。そして増田レポートも示す通り、現実にいまもっとも子どもが生まれないのが東京都であり、そのもっとも子育てに不利な場所に若い層がもっとも集まっていることになる〈前掲図3〉。こうした人口の動きを抑え、若い人々をできるだけ地方に押しとどめていくべきだという増田レポートの提案は当然ともいうべきものだ。筆者もまさにそうしたラインで議論を進めている。

だがどうもここにも何かが欠けているようだ。というのも、増田レポートの議論は、こうした都市・農村／大都市・地方の関係を認めておきながら、その政策の「選択と集中」の行き先を、「地方中核都市」においているからだ。

増田レポートは、自分たちがいう「地方中核都市」が、政府の「地方中枢拠点都市」（「地方中枢拠点都市圏構想推進要綱」二〇一四年八月二五日制定）と同じではないが似ているとして、その関係をぼかしつつ「地方中枢拠点都市」の説明をほぼそのまま「地方中核都市」の説明にあてている。「地方中枢拠点都市」は政令指定都市及び中核市（人口二〇万人以上：二〇一四年に三〇万人から引き下げ）のうち、昼夜間人口比率（昼間人口÷夜間人口）が一以上の都市である。「地方中核都市」もこれと同じだとし、ここに資源や政策を集中的に投資して、人口ダムとするというのである。

筆者の視点からは、「地方中核都市」と「地方中枢拠点都市」とは、発想が同じものとは到底見えない。このことは第3章で確認しよう。それはともかく、地方を守るといっても人口二〇万人以上の中核都市に資本投下し、ここに人口を集めて「人口ダム」とするというのであるから、結局、東京一極集中から地方を守るために地方に準東京をつくって、人口を維持しようという戦略にほかならない。

しかしながら大都市に若い人々が集住していることが人口減少の原因だとしていたはずなのに、なぜ地方に大都市をあらためてつくり、そこにまた若者を集住させようとするのか。そもそも経済力・雇用力で出生力が決まるのならば、東京で出生率が高くなっていなければならないはずだ。一般に農村・地方のほうが出生率は高く、大都市・首都圏で低いという事実を認めるのなら、人口を集めるべきは地方中核都市ではないはずだ。地方中核都市からさらに地方の中小都市へ、そしてさらには農山漁村へと押し戻すことが本来あるべき方策である。そのほうが効果的であり、また理想でもある。

そもそも最近現れた「地方中枢拠点都市」に限らず、地方を発展させるために人口集中地帯をつくろうというのは、高度経済成長期以来の日本の中心施策であり、ともかく中央と地方のアンバランスを解消しようと地方に投資し続けてきたのが日本の地域政策ではなかったか。全国総合開発計画（一九六二年〜）もそのように展開し、その後の国土のグランドデザイン（一九九八年〜）にも引き継がれている。そうした施策が成功したかどうかはともかくとして、現実に各地域を見れば、次のようにこの間の変化を整理してよいだろう。

一方で限界集落化に代表されるように、農山漁村の人口減少が過度に進行した。他方で都市については中小都市の衰退が目立ち、また中枢的な都市でさえ都心の中心商店街の長期にわたる斜陽化が問題となってきた。これらに対して、いわゆる都市の郊外がつねにより新しく開発されて、人口増加地域が次々と現れている。それはいまや市町村界を越えて新しく拡がり、しかもその中で古い郊外は老朽化し、急速な高齢化も進んでいる。

結局、地方でも人口は確かに都市に集まってはいるが、それは旧来の都心ではなく郊外地帯なのである。それも一時的に現れ、ただ消費されるだけの郊外地帯に資本はつねに投下され、伝統的な都市や農山漁村から人々を連れ出し、その内部を崩壊させてきたのだった。しかもしばしば平成合併で人口だけは増やしたので、だだっ広い二〇万超都市は、いわれなくとも全国各地に存在する。かつすでに資本の集積は行われ、全国チェーンの店やその関連施設が郊外のバイパス沿いに立ち並ぶ代わりに、地元業者のネットワークはその傘下におさめられ、中央資本の支配下に置かれてきた。別にあらためて「選択と集中」などしなくても、マクロに見ればすでにそのように進行しており、しかもその資本がしばしば地元の地域社会を解体させてきたのである。そこであらためてこのレポートが意図するものは、いったいどこにあるのだろうか。

†暮らしや地域のバランス再調整はいかに可能か

こうして、全面的な総都市化により都市農村関係が変化し、家族・地域・就業場所のバランスが大きく崩れてきたことが、人口減少の要因の一つである。バランスが崩れたことで暮らしに大きな負担がかかり、もはや息切れして自らを再生産できなくなってしまっている。逆にいえばいま一度バランスのよい状態を取り戻すこと、私たちが本来持っていた都市・農村関係、あるいは地方／中央の関係の健全さを取り戻すこと、これこそが問題解消のための条件となるはずだ。地方中核都市への人口集中（人口ダム）は、そのバランスをむしろ突き崩すだろう。バランスの再調整のためには、「選択と集中」ではなく、もっと別にやらねばならないことがあるはずだ。

そしてこのバランスがもっとも崩れてしまったのが首都圏であり、逆に地方ではそれでもなおそのバランスを保っているというべきだろう。それが先の都道府県別出生率にも現れているのだと思われる。

そして依然として人々は、そのバランスを維持し、適応しようとし続けていることにも注意しよう。家族ができるだけ近くにいられるよう、様々な調整が試みられている。コミュニティ崩壊といわれながらも、地域社会をいまも立て直そうという各地の努力は続いている。それはいわゆる限界集落にさえある。しかしそれらをなおも維持していくマクロなプロセスが見えなくなっている。私たちにはいま、あらためてそのバランスを再調整し、全体のプロセスを再構築することが求められている。

3　不安の悪循環が始まっている

†不安がもたらす少子化への道

なぜ少子化が進むのか？——それは、あまりに経済重視、仕事重視できたために、暮らしをめぐる国民の問題解決能力が極端に低下してしまったからである。家族、人間関係、地域社会が壊れ、人生を自立的に設計し遂行していく能力が、人々自身に、とくに若者において失われつつある。ゆとりある時間と将来への安心、そして社会環境が子育てには不可欠である。これらを欠いていることが結婚・出生を妨げている。

さらに、こうした状況をもたらすのが都市であり、中でも首都圏・大都市圏の暮らしである。そこに若い人々が集住しており、集住すればするほど人々の不安は増大し、事態は難しさを増していく。

このような事態に対して、増田レポートのように①雇用をつくる、②働くための子育て環境を整える、で対応しても、問題解決に至る人はごくわずかだろう。かえってそのために、さらなる経済発展にみなが貢献せねばならず、ますます暮らしは忙しくなり、方策は逆効果をもたらすに違いない。

問題は複雑で多様である。変数は互いにぶつかり合い、相殺しあう。仕事をとれば家族は成り立たない。しかし家族を成り立たせるためには、仕事をとるしかない——こうした多層のジレンマが存在していて、一つ一つその解決を図らねばならないのだが、示されているのは「仕事をせよ」という話ばかりのようだ。

暮らしと経済のベストミックスをつくらねばならない。しかし、それを各人の努力に委ねるにはあまりにも構造が複雑で見通しがつかない。そこに政治や制度が介入する必要もあるが、経済界の要求がしばしば間に割って入ってくるのがやっかいだ。経済の論理はもはや暮らしと簡単には折り合わなくなっているから、そこにこそ調整が必要なのだが、この国の国民はこうした事態においてもなお自己犠牲を厭わぬ性格でもあるようだ。なおも働き、文句も出ない。しかもそうしている間に、「生まれない」という形で、密かに生まれるべき生が抹殺されている――。

こうした雰囲気を察知した人々の未来への不安が、さらに結婚・出生を妨げ、あるいは遅らせてきたのだろう。そして実際に出生数が減少すると、これまでの子育て環境(病院、学校、公共交通)が維持できなくなり、ますます子育て環境は失われていった。しかも同時に高齢化が急速に進んだため、全体としては高齢者対策に目が向けられて、少数派となった子どもたちの環境改善には手がかけられず、子育て環境はますます悪化してしまった。

†二〇〇〇年代改革がもたらしたさらなる悪循環

人口減少はすでに行き着くところまで進行し、それどころかおそらく負のスパイラルに入り込んでいる。もちろんどこかでこのスパイラルは止まるはずだ。その見きわめが肝心である。

地方でも首都圏でも、なおも家族・地域はこの事態に適応しようとしている。地方の所得は低くとも、生活条件を失っているわけではなく、暮らしの水準は二〇年前と比べて大きく下がっているのでもない。都市の賃金が目減りしているぶん、かえって豊かさを実感している層もありそうだ。地域を守ろうとする人々の努力もいまもなお健在だ。少子化を除けば、大きな問題が生じているわけでもない。

ところが、不安に思う必要はないにもかかわらず、若いほうから人口の撤退が進んでしまい、そこへ二〇〇〇年代、国・自治体の財政難問題とそこを起点とした様々な改革が行われたことで、不安の増大に拍車がかかった。いまとなっては、これらがなければ人口減は止まっていたのではないかとさえ思う。団塊ジュニア世代の子育て期にちょうど重なっていたからだ。下降線はどこかで上昇に切り替わるはずだった。だが結果として、この国の経済が壊れるかもしれないという恐怖、行政サービスを担う自治体が維持できなくなるという不安、そして実際に企業・業界淘汰や市町村合併という形で目の前からそれまで当たり前に存在していたものが消えた経験が、人々に未来への道を見失わせたようだ。

そこへさらに増田レポートのように「選択と集中」を打ち出すことで強い危機感を抱かせる

やり方は、不安の悪循環をさらに増幅させる可能性が高い。事実、そういう雰囲気が現れてきている。「もはや仕方がない」「どうしようもない」――増田レポート公表の後、さらに大きなため息ばかりが聞こえてくるようになった。そしてこれが序章で紹介した過疎地五〇〇〇カ所集約といった過剰報道をうながしたものの正体であったのかもしれないとも思う。

ところで人口減少問題は、構造上、小さな集落から、あるいは高齢者の多いところから順に限界点に達してしまうので、まずはそこをいかに維持し、正の循環に転換できるのかが課題となる。

だがこれを誤って「切り捨て」てしまうと、そこから大出血して、もはや人口減少は止まらず取り返しのつかない事態に展開する恐れがある。

そしてとくにそうした兆候として気になるのが、近年、子育てに必要不可欠な学校（とくに小学校）までを地域が手放す事例が相次いでいることである。ある程度の範囲の統合はありえても、この数年明らかに一線を越えた統合が始まっている。次章では、この学校問題の分析を皮切りに、いま地域で進んでいる「選択と集中」の実態をいくつか拾ってみたい。

第２章

地方消滅へと導くのは誰か

地元自治会によって国道沿いに掲げられたILC誘致の看板（岩手県一関市千厩町）。

1　象徴としての学校統廃合問題

†自ら消滅を選択した集落

「不安の悪循環」が集落を消滅させる――このことに筆者が気づいたのは二一世紀に入る直前、あるダム移転地域を調査したときのことだった。基幹産業であった山林業が衰退し、「どうせいつか山を下りるのなら、ダム移転はお金がもらえるからちょうどよい」と集落消滅を選んだ地域があった。下流域のための自分たちの犠牲をポジティブにとらえようという苦渋の選択でもあったのだが、大規模公共事業がまだまだ持続可能であった村を解体へと引きずり下ろすきっかけになったことを示していた。その背後には地域の将来に対する人々の不安が見え隠れしていた（『白神学』第1巻の拙稿を参照）。

ほんの半世紀前には、多くの山村がダム移転を拒み、山で生きることを自ら選択していた。しかし、二一世紀初頭に至って、地域を「守る」ことは自明のものではなくなり始めている。いったい何が生じているのだろうか。

その地域に暮らしている以上、そこには本来、存続の不安などは存在しないものだ。地域を解体に向かわせるプロセスの背後には心理的要因がある。「うちの地域は大丈夫だろうか」という不安が何らかのきっかけで加速化して臨界点まで高まったときに、地域崩壊は起きる。不安が不安を呼び、悪循環を引き起こす。

地方消滅に地域が向かうとすれば、それはいったい誰がどのように導くのか。

すでにこの悪循環は、二〇一〇年代に入って、いくつものループをつくり始めたようだ。私たちはこの悪循環をどこかで止めなければならない。いったん始まった崩落がさらに次の崩壊を呼び、解体が止まらなくなるかもしれないからだ。この章ではこの不安の悪循環を、三つの角度から考えてみたい。

まず第一に、不安の悪循環を示す象徴的事象として、このところひっきりなしに行われてきた学校統廃合の問題を取り上げておきたい。ここでは筆者のフィールドである北東北の事例からそのいくつかを総合する形で紹介する。数ケースをまとめた報告だが、筆者が知る限り、東西南北どこでも全く同じように学校統廃合のプロセスは進行してきたようだ。その意味では、学校統廃合問題は、人々が悪いというよりは、どうも制度そのものに由来する面があることをあらかじめ指摘しておきたい。

第二に、二一世紀型の新たな地域開発の姿を見ておこう。地域の内側からの解体とは別に、上からの地域破壊――大規模公共事業による地域消滅――もまた、これまでとは別の形で動き始めている気配がある。
そして第三に、地域インフラを維持するための論理が、近年、大きく変化しつつあることを指摘したい。少数地域のインフラ外しとでもいえる事態が今後展開する可能性がある。私たちの間に巣くう論理の小さなすり替えが、大きな暴力に切り替わっていく危険に注意をうながしておこう。

†悪循環がもたらす学校統廃合

学校の廃校、とくに小学校の廃校は、地域が地域での子育てを諦めることにつながる重大な事態である。

その統廃合が、二〇〇〇年代に入ってとくに近年、加速度的に進んできた。文部科学省の「学校統計調査」によれば、一九九四年から二〇〇三年の一〇年間に閉校した小学校の数一〇〇二校に対して、二〇〇四年から二〇一三年の一〇年間では二二八九校と実に倍増している。

もっとも、教育のすべてを小さな地域で行うことは、かなり前から事実上不可能にはなっていた。一九七〇年代にはどこでも高校進学率が九〇パーセントを超えるが、地方の町村には高校を持たないところが多いからだ。

過疎地の人口は、基本的には若いほうから抜けていく。若い世代の都市への移動は、まずは就学時に生じる。その最初のきっかけが高校進学だ。高校に進学するために、交通上の条件不利地域だと一〇歳代なかばで村外に出て行くことになる。また地域から公共交通や送り迎えなどで通えたとしても、高校が終わるとやはり就職や大学・専門学校への進学で都会へと向かうことになる。

もっとも、ある時期までは、子どもたちのほうが下宿などをして単独で移動し、世帯そのものが地域を離れることはあまりなかったはずだ。ところが次第に世代が更新し、親たち自身の仕事場が地元から都会へと移行していくと、家族の選択肢も変化する。長男・長女の高校進学を機に、親自身が都会への移転を検討し始めるのである。そして長男長女の進学に、親とその弟妹がついていくことで、世帯まるごとの移動が始まった。しかも二〇〇〇年代以降、自治体財政難とともに自家用車利用人口が増え、人口減少も進んだことから公共交通が縮小されて、子どもたちが高校に自力で通うことが難しくなっていった。しかも不便になるだけでなく定期代もしばしば高くなり、親たちの費用負担がかさんでいく。転出への社会的圧力はこうして近年ますます強まっていたのである。

そしてこうした高校生子育て層の流出が進むことで、それにつられて小・中学校でも児童数の減少が目立ち始めていく。児童が少人数になっていくのを見て、次第に村外への転出を検討し始める人が増えていく。それでもなお残った親たちも、あまりに子どもが少なくなるので不安になり、学校の統廃合を望むようになる。統廃合を決める前に子どもがいなくなった例もある。どうも教育熱心で先々を考える人が多い地域ほど、こうしたことが起きていたようだ。いったん生じた人口減少が止まらない。本来、どこかで止められたはずの人口減少が悪循環に陥り、エスカレートしていく。

事態を変えるには、この悪循環を正循環に引き戻す必要がある。そのためにもこの悪循環の正体を見きわめねばならない。学校統廃合問題を導いたプロセスについて、ここでじっくりと検討してみよう。

†地域が学校存続を諦めるに至った経緯

各地で学校統合をめぐって行われた議論をたどって見ると、おもに次の二つの論理のせめぎ合いになっていたようである。

一方には子どもの教育問題がある。子どもの数が少なくなると、少人数教育への不安が生じ統合論が主張されるようになる。

他方で、学校の存続は地域の存続に関わる問題としても議論される。学校がなくなれば地域は続かない。学校の廃校は地域の行く末に関わる。これは子どもを持つ親に限らず、そこに住む人全体の立場から表明される。

　どちらも重要な問題であり、どちらかだけをとればよいというものではない。親の不安も分かるが、かといって学校がなくなればその地域も成り立たない。典型的なジレンマ問題である。どちらか一方ではなく、両方同時に成り立たせる道を見つけ出さねばならない。

　まず、子どもが少ないから教育に支障が出るという主張には、あまり説得力はないようだ。教育学では少人数のほうが教育効果は高いという議論もあり、そのほうが一般的なようだ。だが親としては成績ばかりが心配なのではない。子どもが少人数の同じ児童とだけ付き合っていることに不安を覚えるのである。教育学的にはあまり意味のないことかもしれないが、ここには都市へと通勤する親たちの心理効果もある。

　過疎地の親たちも、都市への通勤などで、もはやその世代の絶対多数を占める都市の子どもたちを見てしまっている。親にとっては、子どもが将来マジョリティに属するのかマイノリティに属するのかは大変気になる問題だ。そして職場を見回したとき、同じ子育て世代の親たちと自分の子育て環境が違うことに気づく。ある時点から急に、村の子どもたちが世間のマイノリティになっている。そのように感じられるのである。

　とはいえ、学校問題を教育問題からのみ判断するのはやはりまずいだろう。学校が地域からなくなれば、次の若い世代の育児は初手から不可能になる。学校はそのときの親だけの問題ではない。だから、子どもを持たない人々が口出しするのも当然なのである。

おそらくここでとるべき解は、「廃校しない統合」だったのだろう。ふだんは少人数で授業を行いながらも、一部を複数校の合同で行うなどして大人数の中での教育も実現する。放課後の部活だけ別の学校と一緒にやるなど、色々工夫はできたはずだ。一方的に山から子どもたちを引き下ろすのではなく、都心の生徒が山村で学ぶことも一策だし、大都市と地方の間ではすでにそうした実験も始まっている。複数の学校が協力し、都市の学校、村の学校の両方をうまく使った多様な教育メニューが、それこそ児童数の減少を機会にして可能だったはずなのだ。

だが現実はそんなオルタナティブ（もう一つの道）への工夫もなく、一足飛びに閉校へと進んでしまった。それどころか学校統合は現在までに過剰に進んで、昭和合併前の旧町村を越えた範囲の統合まで行われてしまっている。大人の足でさえもはや行き来できない距離の統合を小学校区で実施してしまった。そのために、この先「ここで子育てしたい」という若い親たちが現れてももはや無理という事態になってしまっている。

なぜこんな自分の首を絞めるような統廃合を、代替案の検討もなしに進めたのだろうか。

おそらくこういうことだろう。適切な答えもないし、とりあえず地域の存続はやってみねば分からないので、まずはいまの子どもたちの教育問題を解消しよう。学校はそもそも教育問題で、文科省マターであるから、この論理は受け入れられやすい。

だが、いったん廃校してしまえば、もはや地域存続の条件が成り立たなくなり、後でそれを取り戻そうとしても、悪循環が進んで二度と再生できなくなる。それどころか悪循環は、統合した先の小学校区でさえ縮小化を引き起こしかねないものだ。「あそこの次はうちかもしれない」。しばしば悪循環は連鎖し、飛び火するのである。

ここで見逃せないのが、学校統廃合と自治体の財政難問題との関係である。もっともその関係は単純ではない。生徒がいる以上はその対応が必要なので、結局は自治体にとって経費はかかり、事実上、学校統合によって生じる財政効果はそれほど大きなものではないからだ。財政が関わってくるとすれば、校舎の耐震性の問題である。実際、筆者が知る限り（把握している事例は少ないが）、財政難だけを理由に学校を統廃合した例はない。

そもそも自治体だって、学校くらいは残さねばというのが多くの地域の考え方であったようだ。しかし地域が学校存続を諦める際の言い訳として、「財政難なのに、うちの地域だけにお金をかけるのは申し訳ない」は、確かに通りやすいのだ。また、学校存続にこだわることが一部地域のわがままとして見られるのが嫌だという意識も、統合賛成に向かったと考えられる。そこには平成合併の効果もあったろう。要するに、財政難が統廃合を直接引き起こしたというよりも、その心理的な効果のほうが大きかっただろうということだ。

そこに輪をかけて、二〇〇八年度に廃校を推進するかのような緩和措置が行われていたことが、統廃合をさらに後押ししたと思われる。それまでの統廃合は建物の老朽化を機にしたものが多かったが、建築後一〇年を超えた小中学校の財産処分においても大臣への報告のみとなり（それまでの処分制限期間は四七年で、それ以内に処分する場合は期間に応じて補助金の返還があった）、これが解体プロセスの障害外しとして働いた可能性があるようなのである。

公共施設の財産処分をめぐるこうした緩和策は、本来、バブル経済期の前後に建てすぎた公共施設を耐用年数前に解体・廃棄しやすくし、施設の適正化を図るための措置だったようだ。しかしそれが、「頑張って学校を存続維持しなくてもよいんだ」と現場で理解されて、別の意味合いで使われてしまった嫌いがある。建て替え後、年数の浅い学校でさえ統廃合が進んだ背景には、こういうカラクリもあったようだ。

†諦めと依存の心理効果

自治体財政問題が引き金になって、政府の地域政策が、どこかで「地域を存続させる必要はない」「努力しなくてもよい、地域はなくなってもよい」「自立できず、続かなくなっても仕方がない」というマイナス・メッセージとして受け取られてしまった。しかもそれが妙に政府への依存や信頼にもつながっており、「地域がなくなる」に対しても、「なにくそ、負けるものか」ではなく、諦めにつながり、しかも諦めても「最後は国が私たちの暮らしを何とかしてくれる」になっていたように見える。地域の存続を諦めても、自分の暮らしには支障はなく、そこで踏みとどまって学校の維持に努力しなくても、とりあえずは大丈夫だろうという心理が多くの場所で見られた。

先に述べたように、ジレンマ問題は、一方だけを採用するのでは解決にはならない。解決のためには多くの時間をかけ、知恵を出し、適切な調停案を生み出す試行錯誤の過程が不可欠であり、人々が協働し、汗をかくことが必要である。しかしその解を出すにはあまりにハードルが高く、また地元の人々はしばしば「忙しい」で逃げてしまったようだ。事実みな忙しくもあるのだ。結局、解を出すことは先送りされ、ジレンマは解決されないまま、統廃合だけが決定されてしまった。

こうしてマイナス心理がもたらす諦め効果と、ジレンマ問題の解決先送りが、この問題の根底にはある。

だがまたこうした工夫ができない理由は、おそらく行政の構造にもある。例えば学校運営は市町村に任されているといっても、実態としては先生たちの意向が重要であり、しかもその教員の人事権は県が持っており、財政には国が関わる。地域が一定の考えを持ったとしても、その地域だけ特殊な形のやり方はなかなかとりにくい。実質的な市町村による学校経営は難しい（実現されにくい）ものとなっている。こうした構造の中で、たとえやる気のある親たちが頑張ったとしても、そこで調停案を見出し、実現化するのは並大抵のことではない。

†棄民と逃散のスパイラル

行き過ぎた学校統廃合の経験から私たちが読み取らねばならない教訓は、どうも棄民《きみん》と逃《ちょう》散《さん》、そして諦めと依存は一体なのではないかということだ。

学校統廃合のような施策は、地域切り捨てのような意識がそこにあったか、なかったかにかかわらず、当の地域からすれば「棄民だ」と映る。そしてこの棄民は、自主的な逃散としても現れ、負のスパイラルを引き起こす。捨てられる前に自ら逃げ始めるのだ。それは人々が自立しておらず、依存しているからこそそうなるのでもあり（インフラなしでは暮らしていけない）、だからそれゆえこの逃散は権力への抵抗につながるようなものではない。そして残った者たちも、「何とかしなければ」とは考えずに早々に諦め、しかも「とりあえずは、何とかしてくれるから大丈夫だ」という依存のうちに、逃散する人々を止めることもなく、むしろその意思を尊重してしまうのだ。

この悪循環を止められるとすれば、どんなことが必要なのだろうか。

学校の閉校は、社会の撤退を事実上決定する。そして社会の撤退の大きな一歩は、崩壊や消滅への不安を周りに誘発し、撤退が撤退を呼んで、総崩れにつながる危険がある。そうならないためには、撤退を、存続の論理やその工夫とセットで示して行う必要がある。
これはちょうど、敗戦の際の撤退軍のしんがりに似ている。軍を引きながらも、しっかりと踏みとどまるところは踏みとどまり、傷口を最低限に防ぎ、全体の潰走《かいそう》をおさえる——そこにはしっかりとした戦略が必要であり、引くだけでなく、守るべき場所やその意義が全軍で十分に共有されていなければならない。自分がそこにいる意味が分かってこそ、兵隊は苦しさに耐え、逃げずに踏みとどまるのである。でなければ、そこが撤退の場所だと分かったとたんに潰走の火種は次から次へと全軍に移り、堤防に決壊が生じるように、すべては一気に崩れていくだろう。なし崩しの学校統廃合は、そうした全軍総崩れにつながる危険性を持つものではないか。そしてこのことは、「地方消滅」予言にも同じような形で、現れてくることなのではないか。

未来の危機を予言する場合には、ただ危険だというにとどまらず、存続の論理、生き残りの論理をも明確に提示しておかなくてはならない。「いやいや「選択と集中」こそがそうした存続の論理なのだ」という反論があるかもしれない。しかし、増田レポートの「選択と集中」は一部の消滅を指示し、地方中核都市に集めるというだけで、現場にとっては決して存続の論理にはなっていない。むしろ「見捨てられた」ということをはっきりと意識させ、さらなる逃散を招くものに見える（詳しくは第3章で検討する）。

消滅が「仕方がない」と判断された場所は、まさにそう判断されたことで消滅への第一歩を踏み出す。だがその「仕方がない」が次々と飛び火し始めたとき、いったい誰がそれをコントロールできるというのだろうか。これは心理戦なのだから、その心理を押さえ込まない限り撤退が撤退を呼び、地方中核都市への集中どころか、崩壊はさらに先へと進んでいくはずだ。「お前は来るな」「ダムの向こうにいろ」といっても無駄だ。誰もが自分はかわいい。自分を守るのに必死になれば、撤退は次々と加速され、やがては総崩れとなる。自分かわいさのあまり醜い争いも始まるかもしれない。

だが、まだ私たちは総崩れまでには至っていない。まだ時間はある。では、棄民と逃散に代わる、そしてまた「選択と集中」に代わる存続の論理にはどのようなものがあるだろうか。私たちはそれをきちんと見出すことができるだろうか。

だがその論理の検討に進む前に、さらにここでいくつか、別の「選択と集中」をめぐる現実に触れておきたい。学校統廃合はいわば自主的な下からの「選択と集中」だが、「選択と集中」にはもっと積極的に上から行われているものがある。棄民と逃散が見られるのはこうした場面ばかりではない。

2　新たな地域開発の素顔

†「ILCで復興」の不可思議さ

第二のテーマは地域開発である。いま新しいタイプの公共事業が提起され、その実現がもくろまれている。もっとも――ここで示す事例は、筆者は明確に提示することを本当は躊躇する。誤解のないように細心の注意を払って示していきたい。

ここで取り上げるのは、岩手県一関《いちのせき》市で進められているＩＬＣ（国際リニアコライダー）誘致事業である。筆者は一関に知り合いも多く、一関の問題は他人事ではない。とはいえ以前なら、「地元も歓迎しているのだし、そこに住んでいるわけでもない者が、色々なことをいうのは控えるべきかもしれない」と思っていたような事例である。だが、ここで生じている物事が持っている矛盾には、やはり口をつぐんでいるわけにはいかない気がする。というのもこの事例は、増田レポートが念頭に置いている「選択と集中」が何を具体的に意味しているのかを、はっきりと示しているからだ。

二〇一三年秋、筆者は地域づくり事業の一環で講演に呼ばれ、一関にいた。おそらく当時、日本中のほとんどの人は気づいていなかったように思う。「東京二〇二〇オリンピック」開催決定の背後で、一関市ではＩＬＣ誘致の声があがっていた。新幹線一関駅に降り立つと、「ＩＬＣを誘致しよう」との大きな凱旋門が出迎えた。そこから延々と、施設の誘致場所となる地域まで「ＩＬＣを誘致しよう」ののぼりが続く。地域の小さな商店街の店の窓ガラスにさえ、「ＩＬＣを誘致しよう」のポスターが掲げられていた。まるで皇族かスターでも来るかのような大歓迎ムードであった（第2章扉写真参照）。

これほど地元が熱いエールを送ったＩＬＣとは何か。ＩＬＣは国際リニアコライダー（International Linear Collider）の略である。地下に全長三〇キロもの直線上の加速器をつくり、そこに電子および陽電子を加速して衝突させ、宇宙初期（ビッグバン）に迫る高エネルギーの反応をつくり出す。これによって、宇宙創生、時間と空間、質量の謎を解明しようというもので、要するに非常に大がかりな物理学の実験装置である。国際的な研究機構のもとで推進され、建設に一〇年、建設費で八〇〇〇億円もの予算が投じられるという。そしてこの施設を誘致することで世界から研究者が集まり、職員を含めて一万人規模の人口増になることが期待されている。地元にも一〇〇〇人程度の研究者村ができると説明されていた。

リニアコライダーの建設には安定した硬い岩盤が必要であり、その候補地として佐賀県と岩手県が名乗りをあげ、とくに岩手県については東北経済連合会が事務局となって「東北ＩＬＣ推進協議会」（震災前名称「東北加速器基礎科学研究会」）を設立し、「ＩＬＣを核とした東北の将来ビジョン――東日本大震災からの復興に向けて」（二〇一二年七月）も策定している（報告書は野村総研が作成）。国際的な実験施設を誘致することで「国際科学技術研究圏域」を形成し、東北の産業における技術・産業革新（イノベーション）をうながし、先端科学技術・産業集積地域としての新たな「東北ブランド」を形成するという。その論理は筆者も分からなくはない。

だがここには首をかしげる説明も多い。とくに「東日本大震災からの復興に向けて」が、明らかに後づけで空々しい。むろん一関市にも多くの地震被害があり、東北一帯の中での放射性物質による被害も小さなものではなかった。しかしすぐ山の向こうの陸前高田《りくぜんたかた》市をはじめ、大津波激甚災害地帯の脇で――しかもなかなか進行しない復興を尻目に――巨額の資金を投入してこうした施設誘致を「復興」の名のもとに進めるのはいかがなものか。また放射能被害についても、賠償をはじめとしてきちんとした対応すら得られていないのに、ハコモノ施設の建設をもって「東北復興」だと主張している点については、現場を知る者としては怒りさえ感じる。大災害後の地元の弱みにつけ込んだ、悪い商売を見ているようだ。それだけではない。そうした「東北復興」を、軽々しくも物理学者たちが口にして、東北各地を講演してまわっている。これにはこの震災の復興過程を専門的に調査研究している者としては、自分の専門性を馬鹿にされたような強い憤りを感じる。

†中立公正なはずの科学が地域を破壊する？

どうしてもここに、あの原子力産業を成立させ、肥大化させた科学者たちの行動と同じパターンを筆者は見てしまうのである。本来、地域産業や災害復興といったことについて、物理の先生は素人であるはずだ。専門外の研究者が知りもしない領域のことを玄人であるかのように論じるのは明らかに越権行為であり、逆にいえば社会学者が宇宙を論じるようなものだ。筆者が患者に薬を処方したとしたら、それは当然逮捕されるだろう。だが、まさにそれと同じことをしているのではないか。

一般の人から見れば、大学の先生なら当然、講演でするような話なら、専門各分野との議論を踏まえたものだと思うだろう。まして有名大学の先生がタイトルにまで掲げて「復興」を講演すれば、素人には「そういうものなのか」と納得する以外の道はあるまい。だがここにあるのは明らかに一部の人々のスタンドプレーなのだ。

例えば社会学会ではもはや「施設誘致で復興」論は、議論そのものとして誤りと考えられている。科学施設が地域振興につながることは確かにあるかもしれない。しかしそれは、経済や地域社会や、高等教育機関や様々なものが有機的にもっと連携しあって、しっかりとした文化的気運を形成してからでなくてはならない。一部の経済界の期待と、ごく一部の研究者の思いだけが結託していきなり急に巨額な予算で大きな施設を誘致しても、地元への効果はほんの一部にとどまるだろう。それどころか、施設が巨大なだけに地元に及ぼすマイナスの影響の方が大きく、周辺の津波被災地にまでそれが広がる可能性も否定できない。だが、現地では夢ばかりが語られていて、マイナスの問題についての検討は全くといってよいほどなされていないのである。

だが学術の中でのILCの問題はそのレベルにとどまるものではない。まず学術領域の中でILCの計画推進について合意はとれておらず、いわば一部の人々の見切り発車のような形でプロセスが進んでいることが重要である。

日本学術会議は「国際リニアコライダー計画に関する所見」（平成二五年九月三〇日）の中で「ILCを我が国に誘致することを想定した場合、現状では、国内の実施体制、海外からの研究者の参加の見通し、必要経費の国際分担の見通しなどの重要事項に関して不確定要素やリスク要因がある」として、次のような見解を示している。やや長くなるが引用しておこう。

「大震災からの復興や将来のエネルギー・資源・環境問題など、我が国として取り組むべき重要課題は山積している。ILC計画を我が国で実施するには、国家財政が逼迫している中で長期にわたる巨額の財政的負担の問題をいかにして解決するかについて、政官学が知恵を出し合って国民に指示される持続可能な枠組みを示す必要がある。ＩＬＣへの資源配分によって、国家的諸課題への取り組みに影響が及んだり、科学技術創造立国を支えるべき諸学術分野の停滞を招いたりするようなことがあってはならない。これらのことを勘案するに、ＩＬＣ計画の我が国における本格実施を現時点において認めることは時期尚早と言わざるを得ない。」

ここでは文部科学行政のあり方にしぼって、こうした巨大事業の推進がもたらす負の効果が正しく指摘されている。ＩＬＣは、いうなればある領域の研究者たちの自分たちの研究予算獲得のための運動にすぎないのであり、その巨大さは、他の領域の研究者たちが認めるものではないということだ。さらに事業を実際に進めていけば、学術領域ばかりではなく、物的・人的負担が地元社会に大きくふりかかるだろう。

だがこうした一部の産官学の先走った一人歩きが、すでに地元の期待にも火をつけてしまっているようだ。筆者がこのときの講演会でＩＬＣ事業が抱える問題点に触れたところ、地元の議員からは「あなたはもう一関には二度と呼ばれない」と一蹴された（もっとも、そんなことはなかったが）。ＩＬＣ誘致の既成事実化のもくろみは、すでに地元地域社会の中にもかなりの程度浸透しつつある。

さて、ここには見逃せない既視感がないだろうか。そう、これまでの巨大土木事業を地方に引っ張ってきていたあの時代に再び戻ってしまったかのようなのである。いやそれどころか、災害復興を素人である自然科学者が口にするなど、あの原発立地の決定に類似した構造も見られる。それも東京電力福島第一原発事故を経験した後に、だ。これは二〇年前に戻ったというよりは、「科学技術で復興を」と確信犯的に進めている点では、原発型政策を新型化し、さらにその先へと進んでいるものといわねばならない。

そもそも原子力の平和利用については、学術会議が当初その問題性をしっかりと指摘していたことを思い起こしておこう。学術領域が当時はっきり示していた懸念を、一部の研究者と政治・経済界が揉みつぶして進めた結果、数十年後にあのような巨大事故が起きた。ＩＬＣもこのまま進めば、科学領域の懸念通りに、事態は地元にとってあらぬ方向へと進展するだろう。

もっとも幸いなことに、一関市の住民たちは醒めていた。筆者には住民たちが、本心では「こんなものに頼りたくない」と感じていることがよく分かる。しかしまた他方で、抜け出せない人口減少の罠に入り込んでしまっていて、こうした施設に賭けることもまた「仕方のない」ことなのではないかと感じ、このような事業に強い期待を寄せる人々が出てきてしまうこともよく分かる。ＩＬＣ計画はまた実に見事に、この震災と人口減少というタイミングを計ったかのように準備されていたものだ。だが、それはやはり単なる偶然ではなく、必然的な気もするのである。というのは、次のような事実があるからだ。

†日本創成会議の提案でもあったILC

なぜこのような事例を持ち出したのか。

実は、このILCこそ、増田氏が提唱する「選択と集中」の具体的な姿の一つだからである。ILC誘致は、例の増田レポートの前、日本創成会議の第二回提言（二〇一二年七月一二日）で示されたものなのである。

「地域開国：グローバル都市創成」と題されたこの提言では、「日本は、地方都市をグローバル都市に変革し、東京以外にも世界から人材・資本を集めることができる都市をつくり、地域主導で成長する国づくりを目指すべきである」とし、その具体的な姿を、「日本が有力候補である国際プロジェクトILC（国際リニアコライダー）の国際機関としての実現を通し、地方都市の改革に取り組み、グローバル都市創成のモデルを構築すべきである」としている。増田氏の具体的な成長モデルの一つがこの一関市であり、ILCにほかならない。

増田氏は建設省を退職後、一九九五年四月から岩手県知事を三期つとめ（二〇〇七年四月まで）、二〇〇七年八月からは総務大臣として二〇〇八年九月まで活躍している（増田寛也氏ホームページ）。日本創成会議は二〇一一年五月に発足し、氏はその代表として活動してきた。

その増田氏が中心となっている政策提言集団の示した事業が岩手県を動かし、一関市を動かしている。一関市は二〇〇五年（平成一七）に、一関市、西磐井郡《にしいわい》花泉町《はないずみまち》、東磐井郡大東町《だいとうちょう》、千厩町《せんまやちょう》、東山町《ひがしやまちょう》、室根《むろね》村、川崎村が合併し、さらに震災後の二〇一一年九月に藤沢町を編入合併した超巨大合併自治体である。その自治体の中で市民のみながこの事業に関心があるわけではなく、また関係している地域においても、市民がみなこうした事業に賛成しているわけではない。しかしまた他方で、過疎化が進行する中、合併も行ってしまい、もはや市が進める事業に対して、明確に反対できない雰囲気が生まれているのも事実である。

だがこうした状況はともかくとしても、筆者がとくにこの問題が見逃せないと思うのは、次のようなことが出てきているからである。

†巨大事業が村を壊す可能性――リニア新幹線の現場から

この事業ではトンネルを掘る。延長は三〇キロに及び、工事を行えばその残土を出さねばならない。それをこの山間部でやると、その残土処理のために大量のダンプトラックが行き交うことになる。それも一〇年はかかるとされる。おそらく、このこと一つをとっても、工事現場となった地域はこの巨大事業の導入で大変な環境になるのではないか。研究施設で雇用が生まれるなどという話では、到底収まるものではなくなっていくはずだ。

実はこうした巨大事業が村を壊すかもしれないという事例は近年各地で生じていて、もし一関市でこの論点が事業推進側から地元に十分に説明されていないとすれば、それは「都合の悪いことは隠している」と言われても仕方のないものだ。

二〇一四年六月に報道された、リニア新幹線に揺れる長野県大鹿《おおしか》村の例を紹介したい（毎日新聞二〇一四年六月二日付）。大鹿村では二〇二七年開業に向けて進められているリニア新幹線の工事のために（二〇一四年一〇月一七日に国交省で建設認可）、村唯一の幹線道路を一日最大で一七三六台、一日八時間稼働に換算すれば一七秒に一回もの割合で大型車両が通行する計画が示されている。それも最大一一年続くのだという。むろんそこには人口は減ったとはいえ、立派にふつうの暮らしが営まれている。谷あいの自然豊かな山村が連なる美しい地域だ。

信濃毎日新聞ではこの問題について、次のように報道している。

「JR東海が工事実施計画を国土交通省に提出したリニア中央新幹線建設で、工事用車両が通行予定の下伊那郡大鹿村大河原にある喫茶店「ぽれぽれ」が一〇月末で閉店する。都内から移住した曽我彰さん（六五）、真澄さん（六八）夫妻が二〇〇八年から切り盛りし、大鹿歌舞伎を取り上げた映画「大鹿村騒動記」で主演した故原田芳雄さんが幾度も訪れたことがある店。しかし、工事で生活環境が変わるのを懸念し、二人は村を出る。（中略）〇八年に村内でJR東海のボーリング調査が始まり、彰さんは「村にトンネルの出入り口ができるのではないかと想像するようになった」。生活への影響が決定的と感じたのは、同社が昨年九月に公表した環境影響評価準備書。店近くの国道一五二号を工事用車両が一日最大一七三六台通ることなどが示された。村内で開かれた説明会にも参加し、「このまま工事が進めば生活できなくなる」との思いを強くした」

さらにこう伝える。「村人口は一一〇五人（七月末）。六五歳以上の割合は五〇・三一％に上る。作業用トンネルが二カ所設けられる釜沢《かまつさわ》集落では工事の影響を懸念して今春、三〇代男性一家が村外に移住した。ある住民は「ゆったりした生活が好きで村に人が集まってきたが、工事を機に人口が流出する恐れもある」」（信濃毎日新聞二〇一四年八月二八日付「リニア工事前に喫茶店閉じ移住　大鹿の六〇代夫婦、車両通行の影響懸念」）。

大鹿村はもともとIターン者も多く、合併もせず、産品づくりや観光化、映画の村づくりなどを長年かけて行い、まさに地域づくりの優等生といってよい地域である。そうしたところにこのような事業が入り込むことで、長年の努力がいっぺんで粉砕されてしまうことになるわけだ。これまでIターンで入ってきた人たちは、もともとこの地域の環境に惹かれてきているのだから、その環境が一変してしまえば、その多くが出て行ってしまうのではないかと危惧される。むろん観光だって難しくなるだろう。そして地元に長く住む人間にとっても、十数秒に一度ダンプが行き交う環境など耐えられるものではないはずだ。ここにとどまるとしても我慢してそうするだけであり、それが何年も続くのであれば、子育て世代は一時的にでも避難するしかあるまい。

公共事業が村を破壊することはこれまでにもあった。とくにダムの建設が、数々の村を犠牲にしてきたのは周知の事実だ。しかしそれでもダムには防災という機能があり、下流の人々の安全を守るために、乞われて泣く泣く移動するということは、地域間の関係の中で一定程度やむをえないことであったように思う。とりあえず具体的な地域と地域の関係だから、「お互い様」の納得はありうるからだ。

だがこの国の経済のため、科学のため、グローバル時代を我が国が生き残るため、巨大事業を興すからその場所を提供しなさいということであれば、これは国家戦略型の公共事業であり、こうしたものを推進するならば、二一世紀の時代にあっては環境保全や住民参加、情報公開のプロセスをきちんと踏んで行わねばならないはずだ。

ILCのようなものを、しかもこうした形で具体的な地域振興策として打ち出す増田レポートとは、いったい何を目指したものなのだろうか。

増田氏はあるところでこう述べている。「いずれは(小中学校の)廃校だけでなく廃村の議論をしなければならないことは、当時から多くの人が分かっていたのです」(産経ニュースWEB版、二〇一四年九月一五日)。これはどうも、ただ淘汰が進むといっているだけではなさそうだ。強力な大規模公共事業を持ち込むことで、むしろ積極的に廃村を進め、経済界に利益を誘導する、そうした論理につながっている可能性がある。少なくともこれらの事例から、そうした論理を読み取ることは奇妙な連想ではあるまい。

そもそも増田レポートが、その戦略を自ら「人口減少を食い止める「ダム機能」」と、「ダム」のアナロジーで表現していることにも、そういう認識が反映されていそうだ。巨大な公共事業を動かすために小さな村が犠牲になるのはやむをえないという潜在意識が作用して、こういう表現が出てくるのではなかろうか。「選択と集中」の具体的な姿には、多くの人が懸念する通り、やはり末端の地域つぶしが控えていることは間違いないようだ。

そしてこの一関市も、これまで地道に下からの地域づくりをやってきたところなのだ。気仙沼舞根《もうね》のよく知られた「森は海の恋人」運動の、森のほうがこの地域なのである。あるいは社会教育の優等生といえる地域づくりをしてきたのも合併前のこの周辺の自治体だった。そうした地域づくりの長い間の努力を踏みにじって、「いつかは廃村」などと軽々しく口にし、他方で巨大事業を持ち込んで地域を積極的に解体しようと画策する。いったい何のために、誰のためにこうしたものを実現しようとしているのか。

†地域再生と自治と科学

人口減少はきわめて心理的な事態である。そしてそれがうまく乗り越えられずにいるのは、自分たちの問題を自分たちで議論し、工夫していくための自治が未成熟だからである。しかもそこに巨大な財政資源（公共事業）が注ぎ込まれると、その事業に翻弄されて本当の問題が見えなくなり、問題解決過程の起動そのものさえ阻害されることになる。降って湧いた巨大な公共事業が小さな自治を押しつぶし、地域再生などといいながら、その事業こそが心理的にも物理的にも地域の息の根を止めることにつながりかねない。

逆にいえば、地域の中で問題解決過程がしっかりと起動していくためには、現在のような補助金行政や中央主導の大規模公共事業牽引型の地域再生論から脱却するだけの、自立と自治の確立が必要だということでもある。

ともかく現時点では、私たちには自治の回路がない。少なくともきわめて弱いといわねばならない。法的な主体は住民・市町村のはずだが、財政や制度的な権限を国や県が持っていて、全体の構造上、事実として住民・市町村は主体ではない。例えば先のように、複数校の連携が教育改革の最適解だと分かっていても、それを提案し実現していくところが事実上存在しない。しかもまた県や国が支えなければ、住民や自治体だけでは暮らしは成り立たず、自立さえできない。自立・自治がないので自分たちで工夫ができない。これもジレンマの一つだ。自治をめぐる市町村、県、国の関係のいびつさが、結局ここまで問題を推し進めてしまったともいえる。

そしてＩＬＣの例に至っては、そこにさらに科学が深く入り込んでいる点が問題だ。住民がおかしいと思っても、科学の専門家に「こうだ」といわれれば反論はできない。科学者の間で異論や越境があったにしても、それは素人では分からない。関わる科学者・専門家の良心や矜持に頼るしかない。

だが、こうしたことを通して筆者が主張したいのは、こんな大規模公共事業を進めるべきではない、などという単純な話ではない。「選択と集中」という一見正しそうな言葉の向こうに、いままでの公共事業にはなかった、次のようなもっととてつもない奢りの意識が現れつつあるのではないか、ということだ。

「どうせなくなる地域だから、都市のため、この国の経済のため、国際科学競争にせり勝つために、犠牲になるのもよいではないか」。何かそういう認識が、一部の人にとどまらず、この国の雰囲気として現れつつあるのではないか。その雰囲気が、こうした事例の中から徐々に表ににじみ出してきていることに、筆者は注意を与えたいのである。

この選択は、みなで何かを選び、みなで豊かになろうというものではない。もっと別の水準の選択だ。「選択と集中」は、地方・地域を巻き込んで、日本をもっと大きな変革へと持ち込もうというもののようだ。それは、カネのためなら、この国がもっと豊かになるためなら、地道な地域づくりの努力などどうなったってかまわない、グローバルな競争の中でこの国が優位に立つためなら、地域など消し飛んでも仕方がない、いや場合によってはそのほうが好都合だ――そういう意識を含んでいるように見える。

でなければ開発側ははっきりこう言わなければならないはずだ。「あなたの地域は当分住めなくなるかもしれない。それにはこういう補償をしたいが受けてくれないか」、あるいは「工事による大きな環境破壊については、こういう運営の仕組みをつくって地域からの声を入れ、しっかりとチェックして進める体制をつくりたい。それでどうだろうか」と。例えばダム建設の現場ではこれまでそうしたことを行ってきた。それに対し、そうしたプロセスを素通りして「問題はない、大丈夫」と言い切っているということは、もはや今までの公共事業とは違うものへと変質した。そういうことなのではないか。

†原発事故を引き起こしたものに似た構造

そして筆者はさらに、ＩＬＣについては次のことを心配している。

ある原子力関係の専門家に筆者はこう注意された。「ＩＬＣの施設そのものが何か、地域に悪い影響を及ぼすとは思えない。でも構造が同じなんですよ、放射性廃棄物の最終処分場と。そもそも北上山地は地盤の関係でそれに最適の場所だということで以前から目をつけられていた。このことを理解しておいたほうがよい」。

こうした見解は複数の方面から指摘されているので、地元はしっかりと注意する必要がある。

それどころか、ＩＬＣの研究は三〇年程度という話もある。この三〇年という期間が、現在の福島第一原発の廃炉の行程ともよく合致するのである。一関市がこのことについてホームページなどで不安を取り除こうと弁明しているが、なぜ市民の側に立って疑問や疑惑をしっかりと追及していくべき立場にあるはずの市が事業推進側に立ってその弁明にいそしむのか、理解に苦しむ。ここにはもうすでに、この事業に反対することは行政に対立することになる、そんな構図ができあがってしまっているかのようだ。

筆者はむろんここに腹黒い企みがあるなどとは思わない。それは筆者自身が原発避難の問題などにも関わってみたからよく分かる。これは構造的にそうさせられているのだ。しかし、こうした構造を抱えている以上、いったんハイレベルの施設をつくることを認めれば、そしてそこに、努力しなくても向こうからお金を落としてくれるようなカラクリが確立されてしまえば、それがどんなプロセスへと収斂していくのかは想像がつく。それこそ原発立地地域がその構造によって成り立っていたのであり、そこには原子力科学を含む物理学が深く関与してきたのであった。この一部の科学と官庁と経済界のゆゆしき癒着こそが、今回の東京電力福島第一原発事故を引き起こした根本原因だったのである。

一関市民はそうした業界との連続性も知らないままに、「科学の知」への純粋なひたむきさ――ビッグバンを解明する――をベールにした狼の誘う道へと、これまでの原発立地地域と同じようにむざむざと入り込んでいくのかもしれない。岩手県はせっかく原発をつくらずにこれまできたにもかかわらずだ。

過疎地域が抱えている将来へのリスクは確かに高い。公共事業を入れても入れなくても、結局はジリ貧だ。しかし福島第一原発周辺ではその賭けに負けて、数千年にも及ぶ豊かな歴史を事故によって台無しにされた。そこまで巨大なリスクをとることもまた「選択と集中」だといわれているようだ。だがこれはいったい、誰にとっての選択なのだろうか。

これは何の倒錯なのだろう。地域を存続させるためといって始められた公共事業が地域を消滅させる力として動いている。もっと大きなものを守るために、「あなたたちは救えない」といっているかのようだ。だがそこで守ろうとしているものは何なのか。

これはどこかで見た光景のようだ。終戦間際の沖縄戦かもしれない。さきの戦争について私たちが聞いてきたことに、何かが合致してきているようだ。

しかし問題はまたもっと複雑だ。というのもこの新しい権力は以前のそれとは違って人々に死を要請したりはしないからだ。あくまで何かのために「消えてもらいたい」のであり、そこでは人々は権力と交渉もし、地域消滅になっても「カネになるからよいだろう」と受け入れることさえあるのかもしれない。だがもしかするとそれも、前もって地域の死の戦後補償を出させているようなものかもしれない。

3　インフラの撤退が地域崩壊を導く

†過疎地域のインフラはストックか、負債か

「大規模公共事業の受け皿となることが、選択される地域である」。そう、いまの事例は示しているように思われる。

もちろんこうした考えはいまに始まったものではない。これまでもこうしたアメとムチ、開発と補償とで地域政策は進んできた。またそれが国家や経済のために犠牲を強いるものだとしても、例えば新幹線そのものが、もとからそうした形で地元を踏みにじって成立してきた公共事業ではないか（船橋晴俊他『高速文明の地域問題』）。増田レポートの示すこの提案に科学や技術が新しい顔をのぞかせているといっても、それだけならば従来とそれほど変わるものではない。そういう意見もありそうだ。

だがここで展開されている「選択と集中」には、もう一歩進んだ新しさがあるようだ。というのも、それはこうも言っているからだ。「選択されない地域には、もはや公共事業を付ける

ことはない。それが選択と集中だ」と。

これまでは条件不利地域にも公共事業は配分されてきた。それどころか、過疎対策とは、弱小自治体への財政支援にほかならなかったから、むしろ過疎地域ほど公共事業は行われてきたとさえいえる。そしてその中には、確かに無駄といえるものもあったように思う。

だがまたすべてが無駄だというのも言い過ぎである。過疎対策を含め、これまでに進められた大小様々な事業によって、上下水道、道路、トンネルといったインフラが整備され改良され、このことによって、いまや日本は北から南まで一体であり、どの地域でも同じように暮らすことができる。私たちはこれを大事なストックとしてとらえなければならない。

だが、二〇〇〇年代の改革を経て、妙な方向へと認識が一人歩きしているかのようだ。

これまでのせっかくのストックを負債と見て、そのスクラップ化を図り、さらに新たな資本を投入して、地方に新たな中心を築こうという、そういう意図が一部の人々に現れてきているからだ。先の学校統廃合も、地域のかけがえのないストックである学校を負債と見たことから、悪循環が始まっていた。だが学校問題は氷山の一角だ。いま、さらに地域の存続を許さぬような方向で奇妙な論理が展開し始めている気配がある。

筆者自身も、どこかでそのことに気がつかずにいた。しかもそれは深い意図もなく、広く水面下で進行しているもののようだ。筆者が気づいたのは二〇一四年、総務省過疎対策室での議論においてであった。その一端を紹介する。それが第三のテーマ、インフラ外し問題である。

†「集落機能の低下が、地域維持を困難にする」は間違いである

二〇一四年春、過疎対策室が主催する過疎問題懇談会に設置された集落対策ワーキンググループに筆者も参加したときのことだ。座長である宮口侗廸《としみち》氏（早稲田大学教授）が、会議で展開されていた議論に対してこう疑義を差し挟んだ。

「集落機能の低下が、行政サービスの維持を困難にしているというのは違うのではないか。そもそも行政サービスは集落機能で維持してきたのではない。集落機能は集落機能として別にあって、いまでもそこそこやっている。行政サービスが維持できなくなっているのは、もっと別の理由ではないか」

筆者もこれを聞いて、「ああ確かにそういう混乱はあるな」と合点がいったものである。

ワーキンググループでは当初、次のような論理で議論していた。

「集落機能の低下が、行政サービスの存続を困難にしている。過疎集落を維持するためには、基幹的な集落に機能を集約し、生活が成り立つようにしなければならない」。

この論理のうち、後半については、どんな小さな集落でも暮らしが維持できるように最低限の行政サービスはしっかり維持していきましょうという意味だ。近年、行政サービスのみなら

ず、商店や病院などの撤退も進んでいるので、基幹的な集落にはしっかりとそうした機能を確保し、生活圏としての穴が生じて各集落の営みに支障が起きないよう、政府として支えていこうというものである。そしてこの精神は過疎法の基本的な姿勢を踏襲したものであり、文脈は変わるが、最初に登場した「国土のグランドデザイン二〇五〇」に登場する「小さな拠点」の論理とも共鳴する。過疎対策に関わる総務省も国交省も、それぞれに議論しながら、向いている方向は同じだということでもある。

しかしながら、この議論の前提となる前半部分には、よく考えてみると論理の飛躍が生じてしまっている。さらに、この部分の飛躍が、どうも地方や地域に関わる様々な誤解を生み、現在の地域切り捨て論にもつながっているようなのだ。

†少数派の排除としての行政サービス外し

集落機能の低下が行政サービスの低下を招き、地域維持を困難にしている、と一般には考えられている。これはしばしば識者といわれる人にさえ生じている認識で、過疎自治体の行政職員でさえそういっているのを聞いたことがある。だからよほど注意しないと、そこにある錯誤は見落としかねないものだ。

例えば三〇戸あった集落が一〇戸に減ってしまった。三〇戸で維持していたインフラは、もはや一〇戸では維持できまい。道路、除雪、上下水道、公共交通の維持など、色々なものに経費がかかる。その経費を考えれば、戸数が減ってきた以上、もはや今後も引き続きインフラ維持は難しいのだから、早く山を下りてしまってはどうか――しばしば何の疑いもなく、そういわれている。

だがそもそも、行政サービスは、集落単位で始めたものでもなければ、集落で担ってきたものでもない。行政サービスは行政サービスであって、自治体が担うものだ。そしてそもそもそれは採算性を追求して行ってきたものでもなく、あくまで生活基盤として、このくらいは日本国内どこでも同じ水準で維持しましょうということで進めてきたものであるはずだ。

行政サービスは全国どこでも受けられるべきものであり、憲法でいう生存権の保障にも関わる。いまや、自家用車利用や上下水道、電気を利用しないで暮らしている人のほうが少数派だから、これらを保障しても決して贅沢だとはいえまい。また病院や学校、買い物する場所なしの暮らしというのもありえないのだから、日本に暮らす以上、このレベルの生活基盤は提供されてしかるべきもののはずだ。

もちろん地域によって様々な事情があり、またその負担についてもまちまちである。例えばいわゆる過疎地の場合、公共交通一つをとっても受益者の負担は大きい。基幹集落までのバスでさえ往復一〇〇〇円を超える地域などざらにある。低レベルのサービスに高価格になるので利用者はさらに少なくなるが、それでも一日一名のおばあちゃんでも利用者がいる限り、提供すべきもののはずだ。廃止すれば、そのおばあちゃんは暮らせなくなるからである。

他方で、人口密集地帯であれば公共交通は民間で、かつ安い値段で提供できているから持続可能のように見える。とはいえこれも、いつか採算が合わなくなったとしても、「赤字だから撤退」とはいかないはずである。暮らせなくなる人がいるからだ。

インフラは効率性や採算性ではなく、暮らしや経済のために必要だから、公共の名の下に確保するのである。そして過疎対策というものも、人口減で自治体規模が縮小しても、そこに地域差がそれ以上生まれないよう格差を取り払い、日本全国どこでも一定水準の暮らしを確保するべく行われてきたものだ。ある意味では、誰もがどんな事情でそこに暮らすことになっても、ここまでの生活は保障しましょうという意味合いもあって進められてきたのである。ここには、現在は人口減少していても、やがてはまたその地の機能が必要となり、一定の人口回復もありうるのだから、将来にわたってバランスのよい国土の維持を進めようという狙いもあった。

そうした精神がいつの間にか別の奇妙なものにすり替わってきているようだ。もちろんこのときの議論では、幸いにもその誤りは取り除けた。しかしまた同様の誤解は知らず知らずのうちに様々なところに入り込んでいて、地域の端々で少しずつ、新たな排除の論理として現れつつあるようなのである。

†「小さいものは効率が悪いから大きな集団に移りなさい」

私たちの間に巣くっている、このもやもやとした地方消滅の論理を、やや誇張して表現すればこうなるだろう。

「人数・戸数の少ない地域は、この国に対して貢献度が低いので、行政サービスを提供するに値しない。多数派に編入すれば、コストもかからずにすむので、小さなものにかじりついていないで、大きな集団に移りなさい」

これはどうもやはり、二〇〇〇年代の行財政改革を機に始まったもののようだ。財政問題を理由に、人口が小さいほうから行政サービスをカットしようとしているようなのである。他方で、大人数の地域は効率がよいから、価格を下げるべきだとの議論が出ているにもかかわらずだ。だがこれはやはり危険な発想だ。

まず大人数地域が効率がよいというのは、見かけだけにすぎない。そこには実に考えられないほど多くの経費がかけられているのである。上下水道を例にとっても運営は容易ではない。分水嶺を越えて県境の向こうにダムを設置し、巨額な投資と、集落水没を含む他地域の多大な犠牲を強いて初めて成り立っているものだ。原発もまさにそうした広域のシステムだった（拙者『東北発の震災論』参照）。また下水の処理にも大都市では相当な装置がなければ河川の浄化はできず、また最下流の沿岸地域では、地盤沈下でいまや川よりも低い場所になってしまって、ポンプで汲み上げてやっと利用できる地面にしていたりする。

それに対して、小規模地域は自立的な面が強いので、例えば道路の維持管理一つをとっても、草取りや清掃など色んなことを地域自身でやっているものだ。小さな地域は小さな地域なりに、コストのかからぬ領域があるのである。

こうした事情を考慮しないで、ただ物事の一面だけを見て非合理だと言いつのり、インフラの撤退が人々の口にのぼってきているとすれば、それはやはり見逃すことのできない大きな問題だ。むろんまだそれは明確には公言されていない。むしろ、それを口にし始めているのは当の少数派の地域のほうかもしれない。先の学校統廃合も、「多数派の人々はこう考えるだろう」という論理の先走りが原因だ。だがまた、その論理は全く影も形もないものではなく、地方や地域が見えなくなっている首都圏の人々の中には——地方都市の中でさえ、さらには過疎地の基幹集落においてさえ——小さな地域を統合して大きな地域に再編したほうがコストもかからないし、迷惑も減るなどと言いはじめているのも事実なのだ。

だが問題なのは、先の大規模公共事業の受け皿になれという要請とは違って、インフラ撤退は地域の存続にそのまま直接関わるので、そうした噂がただ出ただけでも、十分に撤退や逃散を始める契機になることだ。

もはや二一世紀の人間は、上下水道や病院や道路のない地域に住むことはできない。この場所は数年後には除雪できなくなるかもしれないという噂が出るだけで、その地からの逃散は始まる。予定されていた上下水道の整備が、戸数が少なくなったからという理由で撤回されてしまえば、その地域に新しい世代はもう住めないだろう。そうなってしまえば、いくら実際には将来Uターンする人々があったとしても、地域を存続させることは難しくなる。噂は一人歩きし、自分自身で成就させてしまう。悪い噂ほどそうなる可能性がある。

そしてこうした論理が実際にまかり通ってしまえば、人口の小さな集落、小さな自治体は次々と追い詰められることになるだろう。規模の論理がすべてなら、そもそも自治体などいらないという話にさえなる。どんどん大きくして国家と国民さえ残ればよい。むろんそれはナンセンスだ。しかし道州制の導入など、そうした規模拡大の方向へと進めようという動きは確かに存在し、そうした論理へと進めるために、この地方消滅・人口減少ショックが利用されている気配もありそうだ。

†二面性を見きわめる

ただ、筆者が確かめる限り、中央官庁にも政治家にも、こうした少数派排除やインフラ外しを考えている様子はない。それは国家の自壊の道であって当然といえば当然だ。あるとすれば、そうした状況を大きく変革したい勢力だろう。増田レポートは――増田氏の本当の意図ははかりかねるが――そうした動きに展開する可能性がある。他方でまた、官庁の書く作文の中にもこうした撤退の論理が潜在し、そうした方向へと誘う力が全体として働き始めているのも事実のようだ。

こうした二面性はしかし、省庁の作文の中にはつねにあるものだ。この点にも注意が必要だろう。

例えば、過疎対策にも当初から二面性はあった。一方でそれは条件不利地域の不利の克服を目指すものであり、その地の暮らしを人々に続けさせるためのものだった。結果としてそれが高齢者のみでも暮らせる生活基盤を提供し、そのことが若い世代の離村の口実になっていたとしてもだ。そして彼らもまたそうした道路を使って、遠く離れた都市郊外に住みながらも、そこから通い、ふるさとの維持と都会暮らしの両立を実現してもいた。現在のような道路が完成していなければ、都市も村もいままで持たなかっただろう。

しかしまた他方で、過疎対策の目玉には集落移転事業があった。これはとくに山間地の豪雪地帯にあるような集落を麓《ふもと》の地域に集団的に移転させるものだった。ただし、一部を除いては実施されず、いわば歓迎されない目玉事業だったのだが、この事業がいまも形を変えて残っていて（集落再編整備事業）、「地域を残す」という論理がどこかで二枚舌になっている嫌いがある。だがそれも、文書でその必要性を示しておかない限り事業予算を確保できないからでもあり、それももしかすると今後やむにやまれぬ撤退を行う地域のためにもこの事業は使わなければならない可能性があるのでいまこそ外すこともできず、そうした配慮のもとに、計画としての矛盾——地域を守るといいながら撤退を推奨もする——を内包することになっているように見える。

物事には二面性がある。政治や行政の文書にはとくにそうした矛盾が織り込まれがちだ。私たちはその中から、政策担当者の本当の意向を汲み取り、私たちにいま本当に必要なものを取り出し、関係づけ、冷静に判断していかなければならない。

4 この路線は変えられないのか

†「選択と集中」がますます深みに私たちを引きずり込む

不安の悪循環が始まっている。多数のジレンマがあり、私たちはそれを解かねばならない。しかしあまりにそれが難しいので、解けないままに焦り、ますます深みにはまっていくかのようだ。

そしてその論理には、実に数多くの論理の罠が仕掛けられてもいる。気がつけば何のことはないものが、気がつかないとどんどん罠にはまって、事態はあらぬ方向へと展開していく。その典型的なものの一つが、ここで示した学校統廃合をめぐる悪循環であり、あるいはまた「人口ダム」論であり、人口とサービスの配分論である。おそらくもっと他にもあるだろう。

そしてどうもこの罠の原因は、世論にもはや浸透してしまった、二〇〇〇年代以降の新しい常識にもありそうである。中でもここで問題にしている「選択と集中」や、それがベースとする競争や自由の発想がそうした論理の土台をつくってきたようだ。そしてそれこそが我々をとりまく不安の原因なのではないか。いまや「選択と集中」は、公共事業を付ける／付けないどころか、インフラの撤退にまで及び、人々が本来保障されるべき権利さえをも奪いかねない勢いをもってしまった。ここには暴力ともいえる作用さえ生じそうだ。

私たちは何をどう考えて、これからの選択を行っていくべきなのだろうか。こうした問題をめぐる議論をしたときに、最近よく耳にするようになったのが、「いったいこの路線は変えられないものなのか」という声である。

筆者がはっきりと覚えているのは、農民作家の山下惣一氏の言葉である。筆者が同席したある会合で氏は次のような事例を取り上げて話をしていた。ある農業経営者がいた。その人は年間の収益を追求し、地域でも上位にあって様々な賞もとっていた。だがあるとき過労がもとで病に倒れた。これはいったい何のための農であり、何のための仕事なのか。何かが大もとで誤っているのではないか。「路線の変更こそが必要だ」。

ある市町村長の集まりでも、全く別の文脈から、そのような話になった。彼らはこう話していた。これまで改革に合併にと、ずっと国に足並みをそろえて協力してきた。でも事態はどんどん悪くなる。そこに来てさらに「選択と集中」なのか。同席していた省庁の関係者に思わずこういう声が飛んだ。「いったい、この路線は変えられないのか」。

いずれも思いがこぼれるような発言として現れ、筆者の印象に残ったものだ。

そして筆者自身も東北で、これまで様々な地域づくりや地域政策に関わってきて、それらがことごとく結果が出ず、いま同じように思う。

どうも、物事が好転しないのは私たちのせいではないのではないか。小さな地域ほど頑張っている。様々なことに協力もし、会合にも出てきて話もする。みんなでこうと決めればきちんと負担もする。自治体も財政難がかえってよい薬になった。職員の意識も変わった。地域のため、自治体のため、一所懸命働き、汗を流す人は増えてきた。しかし——いくらやっても成果は出ない。

それどころか、そこで突きつけられたのがこの「自治体消滅論」だ。このままいけば地域がなくなるかもしれないなど、いわれなくても分かっている。だからこそ、この一〇年、二〇年、場合によってはそれ以上、長い間の地域づくりを頑張ってきたのだ。だが、その地域づくりの優等生といわれているところですら「消滅自治体」といわれる結果しか出なかったとしたら、これはいったい誰の責任なのだろうか。

リゾートも、グリーンツーリズムも、観光も、ダムも、環境問題も、学校問題も、都市計画も、交通計画もみな関わって、いつもそう思った。そしてまた周りでは市町村合併もやって大事な自治体を失い、行財政改革もやって行政職員も散り散りになって、地域にとって必要だといわれるものさえあえて切り捨てているのを見てきた。確かにそのお陰でいま自治体財政は持ち直しつつある。しかし結果としてはそれだけで、人口減少は止まらず、さらなる合理化が求められている。

この路線に従ってきたが、どうやっても結果が出ない。それどころか、ますます傷口は広がって悪循環に陥っている気がするのに、その悪循環の大もとは断たれることなく、さらにこの路線を先へ先へと進めようとしている。そして私たちにいうのだ。「もっともっと、頑張らねば、消えてしまうぞ」と。「人口減少」「自治体消滅」「地方消滅」と。

このままでは、進めば進むほど危ういところに行き着きそうだ。この路線は変えられないのか。路線の変更こそが必要なのではないか。

†選択で守ろうとしているもの、壊れるもの

棄民するぞ、という威《おど》しが逃散に結びつく、とこの章の前半に述べた。あるいは、自分たちは選択されないのではとの怖れが、やむにやまれぬ大規模開発の積極的な受け入れにつながっていくとも。それも、どこかでそれが自壊の道であるのが分かっていながら、そうせざるをえないように仕向けられているから、仕方なくそう進んでいるようだ。

そうして周辺から、小さなものから次第に壊れていく。だが何が壊れていっているのだろう。「選択し、集中して、この崩壊を止めよ」という。その言葉がさらなる崩壊への悪循環を生んでいる。だが、ならば「選択と集中」で守ろうとしているものは何なのか。そのために何が犠牲になり、壊れつつあるのか。どうも、その見きわめが肝心なようだ。

そしてどうもこれは、近年ずっと見てきた現象のようなのだ。この崩壊は二〇一〇年代になって突然現れたものではない。

平成の市町村合併がそれだ。脅され、取り残されるのが恐くて、非常に無理をして合併を選択した。だが、その選択は、ほぼどこにもよい効果を及ぼさなかった。まさに「自治体消滅」「地方消滅」は、数年前に起こった現実だ。この合併が二〇世紀から続いてきた路線の発展系の中にあるのは間違いないが、しかしまたその路線の本体はそれほど古いものではなく、二一

世紀に入ってすぐにとられた何かの新しいやり方でありそうだ。問題の起点はこのあたり、二〇〇〇年の前後にある。

「まだこの路線を続けるつもりか」

成長、集中、経済重視、雇用を増やす、効率化する——だが、豊かになりたいがためにリスクを冒して社会を壊すのは愚かなことだ。個人に置き換えれば分かるだろう。お金儲けをしたい。借金をして株を買おう。インターネットに張り付いて二四時間注視して、よい株を買って利ざやのいいときに売り抜けよう。そのためには家族もいらない、地域もいらない。だがそれでお金を儲けていったい何になるのか。その人は何のために生きているのだろう。

実際、この路線をいくら続けても、庶民はそれほど豊かになるわけでもない。むしろジリ貧で、「このままではお前の生活も危ういのだぞ」と脅されているから従っているまでだ。恐いから我慢していまは何もいわないだけで、どう考えてもこの路線がそれほど長く続くとは思えない。

そもそも、「選択と集中」で無理して手に入れる豊かさとは、私たちがそれによって社会を壊してまで手に入れるほど価値のあるものなのだろうか。それを選択する必要性はあるのか。それより前に、この路線自体が変えられないのか。こうした問いをどんどん発していく必要がありそうだ。

そのためには、この「選択」という語の意味をより深く追及していくのがよさそうだ。この語を選択していること自体に、どうも変な問題が付随してくるようだ。続く第3章と第4章ではその問題を取り上げたい。そこではさらに意外な言葉の罠に私たちが絡め取られていることを示していこう。そして実はどうもこの言葉の罠や論理の罠こそが、いまの私たちにとってもっとも危ないものであり、そしてこれこそが私たちの不安の本体なのかもしれないのである。

第３章
「選択と集中」論の危うさ

青森県黒石市の大川原小学校は2006年に閉校。ここではいま(株)津軽サイコーが、廃校を使って「山のおもしえ学校」を運営し、地元住民とともに観光客を集めている。

(写真提供：企画集団ぷりずむ)

1　増田レポートが目指すもの

†その議論と、現状分析に見られる矛盾

増田レポートはいったい何を提起し、議論し、また何を議論していないのか。冷静に見つめ直していこう。少子化や地方消滅問題に対する増田レポートの基本的な姿勢については、まずは次のようにいうことができる。

人口減少問題を少子化問題としてとらえ、子どもが女性から生まれるという現実を直視して、これからの日本が進むべき道をいまのうちにしっかりと選択しましょうという提案はよく分かる。また現在の危機ではなく、将来のリスクを回避するために、適切な処方を早く施すことが必要だという論調も共感できる。以上は誰もが傾聴すべき論点だといえよう。

しかしながら、そうした問題提起に対し、ここで示されている提案には様々な矛盾が見られ、そもそもの現状分析にも荒さが目立つ。例えば坂本誠氏（全国町村会調査室長）は、『世界』二〇一四年九月号の論文（「「人口減少社会」の罠」）の中で、次の四点をあげて批判している。

第一に、地方における若年女性減少の要因について、もっぱらそれを東京一極集中による人口流出においているが、少子化による人口減の効果を見落としていること。第二に、市区町村ごとの将来人口の推計はまだ開発途上で精度は低いとされているのにもかかわらず、それをリスト化して発表し、既成事実化してしまったこと。第三に、平成合併後の市町村単位で推計したことで、平成合併で吸収されてしまった旧町村部に生じている重大な実態を覆い隠していること。要するに平成合併のもたらした人口減少への強い負の効果を見逃していること。そして第四に――これは本書第5章とも関連する論点だが――定住人口のみをもって地域の維持存続を論じ、現実にある流動人口を見落としていることである。

増田レポートの分析への批判は他にもあるが、筆者はとくに人口統計の専門家ではないので詳論は避けよう。むしろここで問題としたいのは、このレポートに見える日本社会のとるべき方向性についての哲学や思想性である。とくに「選択と集中」で今後の日本の未来を描いていることが問題だ。本章では増田レポートの背景となっている社会観について考えていくことにしたい。

†提言は何を狙っているのか

ところで一般に政府への提言というものは、政府の現行の政策を批判し、それを別の方向へと誘《いざな》うために出されるものと理解される。

ところが増田レポート・日本創成会議の提言については、それとは反対に、レポートと現行の政府との連動性がしばしば指摘されてきた。

例えば、岡田知弘氏（京都大学教授）によれば、①「骨太の方針二〇一四」に取り入れられた地方活性化や人口減少対策のための「地方創生本部」（まち・ひと・しごと創生本部）の設置、②第三一次地方制度調査会（二〇一四年五月一五日発足）で増田レポートを前提に道州制がらみの自治体再編議論が進んでいること、③国交省の「国土のグランドデザイン二〇五〇」が「日本版コンパクトシティ」づくりの根拠として増田レポートの議論をベースにしていることが、その相似点として指摘されている（「さらなる「選択と集中」は地方都市の衰退を加速させる」『世界』二〇一四年一〇月号）。

そして誰の目から見ても、増田レポートは、これまでの政府自民党に批判的であるよりも、まさにその思考法そのものであり、とくにそのレポートの副題「成長を続ける二一世紀のために」は、現在のアベノミクスをいやがおうにも想起させるものだ。人口の過剰減少という危機を直視しながら、なおも「成長を続ける」という思考法。これこそいまの政府の方針とピッタリ重なり合うように、確かに見える。

だがもちろん、政府の方針と完全に一致しているのならこうした提言を出す必要はないはずだ。何らかのズレがあるからこそ、こうしたアクションを起こしているのである。そしてよく考えてみれば、アベノミクスにしても、二〇〇〇年代の小泉・竹中改革以降の流れについても、政府や国会の中での評価は大きく分かれ、与党内といえども決して一枚岩ではないようだ。地方や農林漁業に近い側から見れば、改革はむしろあまりにもやり過ぎであり、しかもその反動が民主党への屈辱的な政権交代にもつながったのだから、さらなる成長、さらなる改革は、必ずしもみなの総意で進めている既定路線とはいいがたいはずだ。そうした中で「人口減少」や「自治体消滅」を突きつけ、人々の認識を揺るがせつつ提示された増田レポートは、安倍政権でさえ越えるのを躊躇している変革のハードルをさらに一歩大きく踏み出させ、改革ラインをもはや引くに引けないものへと推し進めようとする画策のように見えなくはない。

しばしばいわれるように、この提言には、どこかにショック・ドクトリン（危機や非常事態に便乗した改革）を狙っている嫌いがある。国民やマスコミ、さらにはもしかすると政府や国会さえ危機を煽られて、「これしかない」と思わされたり、いわされたりしないよう、注意しなければならない。選択肢は他にいくらもある。そして私たちが迎えている危機は、実はこの提案が根ざす、もっと根っこのところから変えねば、避けられないものかもしれないのである。

†増田レポートと一線を画す政府の論理

ここで、国交省の「国土のグランドデザイン二〇五〇」（平成二六年七月四日）をもう一度分析しなおすのもよいかもしれない。

ここにも確かに「選択と集中」の語は現れており、コンパクト化や高次地方都市連合など、増田レポートと並べれば確かにその相似性は目につく。しかしまたその一方でグランドデザインは、その基本理念に、ダイバーシティ（多様性）、コネクティビティ（連携）、レジリエンス（災害への粘り強くしなやかな対応）を掲げており、経済成長志向よりは、人口減少や来るべき大規模災害への課題解決志向が強いことは明白だ。

そしてこれらの理念からは、各地域が多様であることを維持するとともに、それらが連携することで一体化をもたらし、全体としてのしなやかさを保つという議論につながるから、「選択と集中」という発想とはむしろ一線を画しているといってよさそうだ。

さらにグランドデザインが、「国際志向」と「地域志向」の二つのベクトル（評価軸）を持つ複眼的なとらえ方が必要だとしていることにも注目しよう。これに対し、増田レポートの戦略は、「選択と集中」という論理を真ん中にすえて、「国際志向」一本槍が目立つ論理展開になっているのが印象的である。

こうした対比は非常に重要である。要するに政府の側のほうが、「これまでの（改革）路線を変えよう（あるいはその一部を旧来に戻そう）」といっており、増田レポート・日本創成会議のほうが、「元の（改革）路線を拡大しよう」といっているようなのだ。このことに気づかずに一緒にしてしまえば、大事な論点を見落とし、かえって増田レポートを政府の政策ラインの最前線に押し上げる作用に荷担することになるかもしれない。

2 選択がもたらす排除の論理

†「防衛・反転線」としての地方拠点都市

ではここで、増田レポートの地域政策としての論点を詳しく整理し、その問題点を指摘していくことにしよう。

すでに増田レポートの提言の一つとして、地方からの人口流出を食い止めるための「ダム」として「「若者に魅力のある地方中核都市」を軸とした「新たな集積構造」の構築」（四八頁）が掲げられていることについては触れた。

ここだけを見れば、このレポートが地方の存続をまず第一に考えて書かれているように思われるだろう。だが注目すべきはそれに続く論理である。そこにはこう記されている。

「一方、地方における当面の人口減少は避けられない。この厳しい条件下で限られた地域資源の再配置や地域間の機能分担と連携を進めていくことが重要となる。このためには、「選択と集中」の考え方を徹底し、人口減少という現実に即して最も有効な対象に投資と施策を集中することが必要となる」（四八頁）。

ここにあらわれている「選択と集中」の考え方が、このあとの思考の軸になるものだ。この考えに沿って、すべてに投資することはやめ、「人口減少という現実に即してもっとも有効な対象」に資源を集中させようと宣言しているのである。ここにすでに「地方を守る」ということとは違う感触があることに気づこう。

さらにこう述べている。

日本はこのままいけば「極点社会」に至る怖れがある。極点社会とは、「人口が東京一極に集中する社会」（九頁）のことであり、首都圏（頂点）を支える地方（底辺）が縮小の一途をたどり、やがては消滅していくことを指す（図5）。そしてこうした事態を回避するために、どこかに「防衛・反転線」を引く必要があるのだとして、これまでの対策を次のように批判するのである。

「（これまでは）たとえば、このままでは集落がなくなるからといって、各集落のインフラを充実させて人口減少を押しとどめようとしてきた。しかし、すべての集落に十分なだけの対策を行う財政的余裕はない。結局、小粒の対策を総花的に行うことになってしまい、防衛線を築くには至らなかった」（四九頁）。そしてそれに代わる考え方として、「防衛線は、規模のメリットを生み出し、人材や資源がそこに集積して付加価値を作りだしていく「再生産構造」を持ったものにしなければならない」（四九頁）と主張するのである。

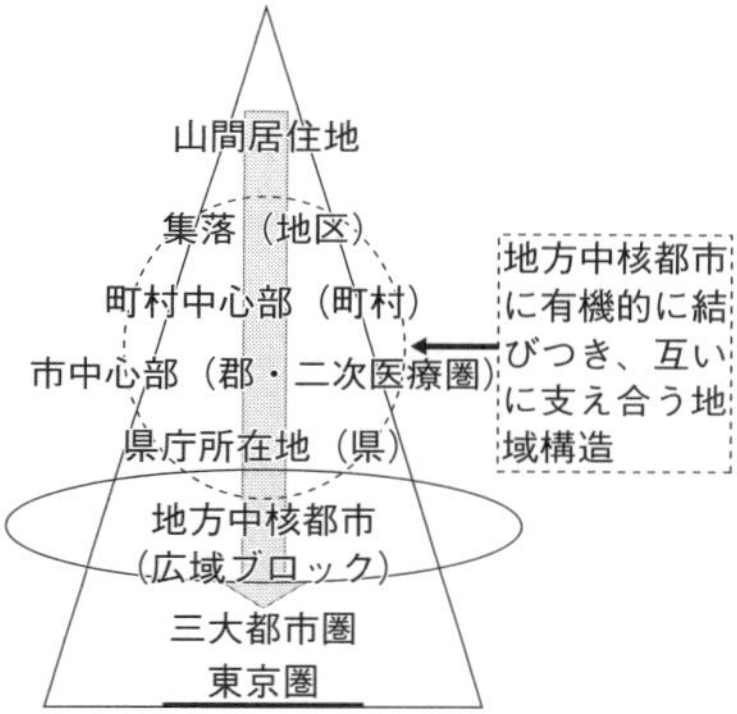

図５　極点社会における防衛・反転線の構築
（『地方消滅』P.48より）

この「すべての集落に十分なだけの対策を行う財政的余裕はない」は、かなり厳しい表現である。個人としてならともかく、入閣経験のあるような有識者の表現としてはおそらく初めてだろう。メディアが注目するのもこのあたりにありそうだ。

また軍事的ニュアンスをまとう「防衛・反転線」という用語を使用している点も気がかりだ。そしてこの「防衛・反転線」によって守るべき地域を囲い込み、その外側に見捨てる地域を決めていくと、そう宣言していることになる。

しかもここで切り落とすのは小規模集落だけではなさそうだ。「財政や人口制約の点からも、「防衛・反転線」となる都市の数には限りがある。そう考えていくと、最後の「踏ん張り所」として、広域ブロック単位の「地方中核都市」が重要な意味を持ってくる」（四九頁）というのである。つまり、「防衛・反転線」の内と外を決めるものこそ、先にふれた「地方中核都市」なのである。

ところで第1章で見たように、増田レポートでは、この「地方中核都市」と、政府がいうところの「地方中枢拠点都市」とはほぼ同じものだとして説明している。また、増田レポートの内容は政府の地方制度調査会における議論とも多くの点で一致していて、識者の間でもこの二つは非常によく似た論理を持っているという見方は強い。とはいえ、政府のいう「地方中枢拠点都市」が、あくまで自治体自身が手をあげて、周りの地域にとっての拠点として自ら踏みとどまろうとするものであるのに対し、「防衛・反転線」としての「地方中核都市」の設定は外から「選択」されるものである。それゆえ、その線の外側にある地域の存続についても外から決定されることになり、ここにはやはり大きな相違があるというべきだ。そしてこのことはこの先の記述にさらに鮮明に現れてくるのである。

そこには次のようにある。

「以上のような「防衛線」を構築するだけでもコストはかかってしまうので、広域ブロックレベルで相当の付加価値生産力を高めなければならない。そのためには、輸出や観光を含む外貨獲得能力向上がカギとなることはいうまでもない」(五一頁)。

さらにいう。

「こうした「防衛・反転線」を構築するうえで、「広域ブロック行政」の考え方は必要不可欠である。これまで地方行政組織のあり方をめぐる議論は、主に地方分権という狭い枠組みでなされてきた。しかし、これからは違う。日本の人口減少と国力低下を食い止め、各地域に再生産構造をもう一度取り戻すための、「防衛・反転線」の構築を進める行政・経済単位として、「国家のあり方」の観点から議論していくべきである」(五一頁)。

この箇所については色々と読み方はあるかもしれない。だが、ゆっくりと後ろから見ていけば、どうもこう解釈してよさそうだ。

「国家のあり方」から議論して、「防衛・反転線」を明確にしなければならない。すべての集落・都市は守れない。守れる範囲を決め、そこにしぼって投資をする。そしてその範囲は、地方分権（おそらく市町村行政）という「狭い枠組み」で決めるのではなく、「広域ブロック行政」で決めるべきであり、しかもその場所は「輸出や観光を含む外貨獲得能力」を持つ場所に限られる。それ以外の場所にはもうコストはかけられない。そしてそれは「いうまでもない」ことだ、と。

東京一極集中（極点社会）を避け、地方を守るための提言であったはずなのに、「どうせ滅びるところは滅びるのだから、コストをかけずに早いうちに切ってしまい、スリム化をすることでより効率のよい国家を目指そう」と、そういう内容になってしまっているようだ。さらにそのためには「地方分権」などは無用で、「広域ブロック行政」があればよく、そしてこの広域ブロックを「防衛・反転線」として「国家のあり方」から設定できる仕組みをつくりましょうと、そう政府にうながす内容になっているわけだ。

「分権↓行政」の展開にも注意が必要だろうか。つまりは分権はいらず、行政があればよいという論理にもなっている。しかもその場所が「防衛・反転線」で守るべきところかどうかの基準は、「外貨獲得能力」の有無なのである。

このように増田レポートを読み解いていくと、政府の論理との共通点よりも相違点のほうが明確に浮かび上がってくるようだ。政府の論理はいまでも地方分権から出発しており、「地方中枢拠点都市」も、いま述べたとおり他町村との連携を自治体自らが主体的に図るためのものだ（ただし人口二〇万人以上の中核市という条件はつく）。そしてそれゆえ、基本的には「すべての地域を守る」ことになっているのだが、増田レポートはそのラインを踏み越えて、「国家にとって役に立たないものはいらない」といっていることになる。

こうして見ると、増田レポートを掲載した雑誌の特集タイトル「すべての町は救えない」（序章扉写真）は、さらに進んで「国家のあり方を考えれば、すべての町を救うべきではない」という積極的なメッセージを含んでいたものとも考えることができるわけだ。少なくとも筆者はそう読んだ。そして、それが有名な国会議員――それもそうしたことを口にするとはとても思えない人物――の吹き出しとされているのも気がかりだ。

二〇〇〇年代の小泉・竹中改革は、新自由主義という立場から従来の成長戦略を推し進めるとともに、自由競争を是として、地域においても淘汰もやむなしとする発想へ展開可能なものであった。だが試行錯誤を経て、地域政策においてはそれ以上の展開をいまはみな思いとどまり、現在の政府も改革路線を見直しながら、何か別のラインへとうまくつなごうと四苦八苦しているように見える。

こうした現状に対し、この新たなライン形成を振り切り、元の改革路線に戻してそれを地方で一気に推し進めようとしているのが増田レポートの意図と見てとることができそうだ。あいだに民主党政権が挟まったことでなかなか先に進まなくなった改革を、ここで急ぎ進めたいという思惑がこのような形をとっているのかもしれない。

†進化論の選択説

だがこの思惑をこのまま進めさせるのは危ない。ここではとくに「選択」という語が孕《はら》む問題に注意して、増田レポートがもつ危険性についてさらに検討してみよう。「選択」すなわちセレクション（selection）は、生物学では「淘汰」とも訳され、進化論の中心概念である。

進化論の思想的な問題性（危険性）はこれまでもたびたび指摘されてきた。進化論は造物主である神を否定し、ニヒリズムへとつながる思考法だが、ここにはさらに人間自身が種を選択できるという思想につながって、人種主義に展開する危うさを持っている。「人種は選べる」「人間は選べる」は典型的な危険思想である。

そしてそうなる理由は、進化論の議論が、一見科学的であるにもかかわらず、ユダヤ・キリスト教神学を抜け切れていないことによるものである。むしろ宗教の衣を見せないからこそ危険な思想だといえよう。

セレクションの訳が「選択」でもあり「淘汰」でもあるのは、日本人にとっては奇異な感じがするはずだ。「選択する（良いものを選ぶ）」と「淘汰する（良いものと悪いものを振り分ける）」の間に意味の一致を見出せないからである。しかしこれらが同一であるのは、神の選択という発想があるからであり、神の選択だからこそ、その選択はイコール淘汰にもなるのである。そしてその選択（淘汰）は人間自身にも及ぶものであり、神によって「選ばれる人々」と「選ばれない人々」が分かれるというのが神学的選民思想だ。進化論にはこの考え方が色濃く残っているのである。

神が否定されれば、そこには人間しかいない。そこでこの人間が、神のかわりに「選択」し、自然を「淘汰」してよいという発想に展開すれば、科学としての進化論は人間が人間自身を「選ぶ」ことができるのだという、きわめて危ない科学的選民思想へと豹変することになる。これが前の世界戦争で多くの惨事を引き起こした人種主義の原点となった考え方だ。

†選ぶもの、選ばれるもの、選ばれないもの

こう考えていけば、「選択」という言葉を、私たちはもっと慎重に扱わなければならないということが理解されてくるはずだ。この語には危うい罠が隠されている。私たちはあまりにも軽々しく、「選択と集中」という語を使いすぎているようだ。

まず「選択論」は、あくまで「選択する」側やその選択で「選ばれる」側に立つからこそ可能な議論なのだということに気づくべきだ。この議論をする者は、誰も自分が「選ばれない」側に立つことを想定してはいないはずだ。その集団の中心にいて、自分が選択する側にいるという自覚があるからこそ立論可能なのである。

逆にいえば、選択論は「選ばれない人」には採用されえない議論だ。選択されない立場にとっては「選択論」は滅びを意味し、排除の論理になる。それゆえ選択論を採用する者は、この排除を覚悟するのでなければならない。そして排除を覚悟するということは、次のことを覚悟することでもある。

選択は、人々を「選ばれる者」と「選ばれない者」に分断する。その際、その排除がすんなり受け入れられるならばよい。しかし、生きている以上、誰もが排除をもっとも恐れるはずだ。それゆえ、排除は様々な抵抗を生む。そこには反抗もあれば、逃散もあろう。あるいは泣きついて離れないという抵抗もある。いずれにせよ排除された者はディアボリック（悪魔的）なものへと変転する可能性があり、そしてその悪魔を鎮めるために、これまでは暴力と死が使われてきた。人種主義はしばしば大量虐殺という結末をたどった。このことは日本の戦争犯罪と呼ばれているものとも無縁ではない。人間に「選択」を採用することには、そういう危険が内包されているのである。

増田レポート・日本創成会議の議論が、一見、用意周到な言説であるにもかかわらず、その本心を「地方切り捨て」「農村たたみ」として糾弾されているのは、多くの人がその底流に流れるこうした排除の思想に気づいているからである。この観点から増田レポートの「選択と集中」論をいま一度見直せば、次のように読めるだろう。

ここでは地域や自治体が選択（淘汰）の対象だ。まず地方拠点都市が「防衛・反転線」として選ばれる。東京を含む大都市圏はむろん頭から選ばれる側だから、多くの人は安心できる論理設計だ。だが「防衛・反転線」の向こう側については、「広域ブロック行政」の中で選ばれるか、選ばれないかの審判を仰ぐことになる。そしてその選択をするのは首都圏なのか、政府なのか、ともかくも「国家のあり方」から検討することになるようだ。その選択の主体はいわば神に代わる存在であり、ここにははっきりと強者の論理が働いている。要するにエリート主義なのである。

筆者はその意味で、増田レポートの思想をきわめて危ないものだと判断する。と同時に、まだ政府も省庁を司る官僚の方々も、同じようには道を踏み外していないと考える。そうであることを願いたい。

逆にいえば、もし地域を存続させるよりも、早く死に追いやり、淘汰することが自分の仕事だと考える行政マンや政治家が出てきているとしたら、それは非常に危うい段階にこの国の思考法が――初めてなのか、二度目なのか――入ったことを意味するだろう。そして、もしそういう人々がいるとしたら、その人たちは何のために仕事をしているのだろうか。この問いにはおそらく、「住民や国民よりももっと大事な何か」、「もっと重要な大義のため」と答えるに違いない。だが、そのエリート意識こそがもっとも危険なのだ。

増田レポートに感じる、どこかで地方を見下した態度、優しげだがその背後にある魔物的なもの、多くの人がこのことに気づいている。私たちはその正体をもっとはっきりと見定めなければならない。

†排除の「人口ダム」論

こうして見れば、増田レポートの「地域において人口流出を食い止める「ダム機能」」の再構築という議論も、そこに流れる思想の危うさを典型的に示す用語法であることに気づくだろう。この点も補足しておこう。

この「人口ダム」もむろん、地方を守るために築くものという物言いになっている。だがよく考えてみれば、ダムは本来、上流ではなく、下流を守るためのものだ。ここでは地方が上流で、首都圏が下流だろう。上流(地方)から押し寄せてくる水や土砂(それは逃散する人々だろうか)をダムで食い止め、下流(首都圏)を守る。また、上流の資源のうち必要なものを必要なだけ下流に流すコントロールもダムの重要な役割だ。

「人口ダム」は、選ばれた者たちが、自分の身を守るために提起したものに、どうしても見える。少なくともそういう発想がどこかにあるから、こういう言葉が使われるのだろう。

さらにダムはしばしば分断の象徴だ。ダム湖の底や、堰堤《えんてい》のすぐ下に立ったことのある人ならこの感覚は分かるだろう。ダムは、上流の者が下流のために犠牲になることによって建設される。しかも上流の思いは、なかなか下流には伝わらない。またダムがつくられればもはや相互に行き来はできない。魚は魚道《ぎょどう》を上るのみだ。こうしたものは、つくらずにすむのならつくらずにすませるべきであり、そうした道を探ることが、二一世紀という時代の政治の役割であるはずだ。そんな「ダム」をあえてここで比喩として使っていることに、いったいどういう意図が隠されているのか。

「人口ダム」という言葉は、過疎地域を守ろうとする人々の間でも使われている。だがこうして見れば、その使用には十分に注意する必要がありそうだ。

†「選択と集中」の対抗軸の形成へ

筆者は、このような「選択と集中」の論理を、地域政策の中心理念として堂々と振りかざして導入する感性に戦慄を覚える。これまでの地域政策の中には確かになかった、新しい発想だ。しかしまた、こうした論理がそれなりに一般にも広く受け入れられていることを踏まえれば、「選択と集中」を批判する者は、もっとはっきりと別の論理を対抗軸として打ち立てなければならないのだろう。

ここではその対抗軸を「多様性の共生」の論理に託してみたい。その上で、「選択と集中」か、「多様性の共生」か、そのどちらを国民は選択するのかを問うことが、増田レポートの提案を私たち国民が正当に吟味し評価するために、最低限必要なことだと思われる。次の第4章では「選択と集中」論を、「多様性の共生」論と対比しつつ、私たちの前にある二つの道を明確に示していくことにしたい。

とはいえ物事には何でも「選択」はつきものだ。進化論は危険だから「選択」そのものもやめてしまえというのはむろん暴論だ。対抗論理を探る前に、ここで展開されている「選択と集中」論をまずは地域政策論としても批判する必要があるだろう。果たしてこのレポートでなされている議論は、「選択」として正しいのか。そこに合理性はあるのだろうか。そうした議論を重ねることでも、私たちには他により多くの可能な選択があることが見えてくるだろう。

3　本来、選択すべきものは何か

†膨張したものは何か、スリム化すべきはどこか

何かが増えすぎて、残すものを「選択」しなくてはならないとき、私たちがすることはいったい何か。いきなり一つの価値基準でその必要性を判定する前に、それまでに増えたものは何なのか、それは増えたままなのか、減らすことはできないのか、まずはそういうところから考えるのが常道だろう。

明治初期に約四千万人だった人口が、二一世紀初頭には一億二八〇〇万人にまで膨れあがった。近代グローバル化の中で三倍に増えたことになる。この狭い列島の中での持続可能性を考えれば、あるところで人口増を抑制し、安定化させる必要がある。その意味では人口減少社会への転換は必ずしも危機とはいえず、大きなチャンスにもなるはずだ。では増えた人口は何か。どこを、何をスリム化するべきなのか。

明治維新前まで各藩に分かれて互いに断絶していた共同体群は、明治維新以降にはその境界を外されて日本列島の人々はとりあえず一つの集団となった。そのサブ集団のうち、増えすぎ、選択（淘汰）の対象になるべきものをあげるなら、次の三つがありそうだ。

まず第一に、人口としては、団塊世代と団塊ジュニア世代。とくに団塊世代はいま労働者としての役割を終え、高齢化し始めているので、「選択」論はこのままいけば「団塊世代こそ早く死ねばよい」という議論に行き着くことになる。実際、団塊世代が早く退出し次世代に財産がわたれば、若い世代に余裕ができて結婚・出産も容易になるだろうという議論もある。「選択と集中」論を突き進めれば「年寄りは早く死ね」になりうるし、知恵や技能のある人さえ確保できれば、残りの高齢者は余計な厄介者になる。筆者がそう思っているのではない。「選択」を突き詰めれば、そういう議論になりかねないという意味である。

第二に地域レベルで見れば、多くの人が「地方消滅」という言葉からイメージする地方農山村や中小都市の中心市街地ではなく、郊外住宅団地が選択の対象になるべきだろう。また、産業面では、第一次、第二次産業ではなく、第三次産業、とくに後で追加されたサービス業や情報産業が無用になるはずだ。

人口増で生じた都心の地価高騰の中で、スケールメリットや地の利のあった郊外に集中してこれまでの開発は行われてきた。また供給過剰な労働力を活用するため、産業を次々と創出して働く場の拡充も進められてきた。いまや当然となった大量消費社会の成立も、ともかく人口を養うために必要だったからということができるだろう。

だが、今後は人口が減るので、人口規模に見合う規模さえ維持すれば、これ以上居住域や産業域を拡大させる必要はない。またこれまでは人口にあわせて経済成長しなければならなかったので、そのための資源確保も必要だったが（とくに食糧とエネルギー）、今後は国内の資源でかなりの部分がカバーされ、持続可能な状態に近づける可能性もある。そのための技術開発も進んでおり、その中では循環型社会の観点から農林漁業や鉱工業の役割も見直されつつある。

それゆえ地域的には郊外・バイパスに展開した大型店や物流を中心とする大消費地帯が、まずは選択の対象として浮上すべきだろう。人口減少が始まれば、もはやこれだけの消費を支える地帯は不要であり、もっとコンパクトですむはずである。郊外の大型ショッピングセンターを廃止し、代わりに中心商店街を二一世紀型につくりなおして、グローバル企業ではなく地場の中小企業に活躍してもらったほうが、持続可能で豊かな消費社会の実現には近道のはずだ。また自動車も減るからそもそもバイパスも不要ということになろう。もっとも郊外は、地方においては都市と農村をつなぐインターフェイスとして重要な役割もあるので、ただやみくもになくせばよいというものでもない。この点は、第5章でも述べてみたい。

そして第三にマクロに見るなら、産業との関連では太平洋ベルト地帯が淘汰の対象になるはずだ。同様にその背後には旧産炭地があり、また鉱業都市、林業都市などもあったが、高度経済成長を終えてのち、これらはすでにかなりの程度淘汰されている。中には、旧来の工業地帯が郊外住宅地帯に転換してしまっている例もあるが、これも将来的には淘汰されていく必要があるかもしれない。

だが何より、この間にもっとも膨張したのは首都圏である。皇居を中心に同心円状に、北関東から甲信越、東海地方までその範囲は及んでしまっている。これだけ広大な地域の一体化も、巨大な人口を支える国家の中枢という重要な役割があったからこそであった。しかしすでに人口減少が既定路線となっている以上、これ以上の拡大は不要である。今後はむしろ巨大化に伴う非効率から脱却すべく機能を縮小・充実させて、小さな単位にまとめていくことが求められる。

以上、人口の観点からは、適切な世代間の役割分担を形成する必要があり、また地域や産業、首都の役割といった点からは、都市計画というもののもっと精緻で、広範囲にわたる管理統制こそが必要だということになるだろう。そしてこうした検討を踏まえた上で、もっとこまやかに日本の各地の特色を勘案しつつ作り上げる地域間の役割分担構想の確立こそが、いまの私たちには急務なはずだ。人口減少縮小社会に向きあうなら、それは当然とられるべき道であり、環境論や持続可能性の観点からいっても理想的な方向である。しかもそれは人口減少期だからこそ実現可能なものといわなければならない。

†スリム化政策が採用されにくい理由

選択論を採用するなら、いま述べたようなスリム化のシナリオもありうるはずであり、地方中核都市への集中投資だけがとりうる選択肢ではない。そして別に筆者が声高に叫ばなくとも、すでに政府や各自治体の様々な長期計画や、各識者の議論の中に、こうしたものが多数描かれている。増田レポートでそうした話が出てこないのは意図的なのかどうか。むしろ人口減少を危険な兆候だとするこのレポートだけが、さらなる成長を追求して、人口減少下にあるにもかかわらずスケールメリットだけをもとめる論理となっている。ここには単なる論理矛盾ではない、何かの作為を感じる。

ともあれ、これらのスリム化論が採用されにくい理由、少なくとも避けられる理由もまた、構造的にはよく分かるものだ。すなわちまず第一に、人口的には、団塊世代・団塊ジュニア世代は私たちの社会の中では絶対多数なので、多数決の原理を採用している以上、政治や行政が関わる議論にあっては、それを貶《おとし》める論理はなかなか示しにくい。しかしこの棄民思想は実は若い世代にはくすぶっている思考法でもあって、今後表面化すれば大きな社会問題に発展しうるものである。団塊世代は、このまま絶対多数を前提にエゴイスティックな主張を展開していれば、いつか下の世代に切り捨てられることを自覚する必要があろう。

加えて世代論に関しては、今後の団塊世代の動向と関係して「これから高齢者が増えるので、若い世代は福祉の仕事をすればよい」という論理が顔を出しはじめている点も気がかりだ。これなども「金のない若者は、金を持っている年寄り世代の尻ぬぐいをすればよいのだ」という意味にとられかねないものになっており、ここにも将来の危うい世代間闘争の火種が潜んでいる。そもそも介護で仕事をえた人々は、団塊世代が死に絶えた後どうやって暮らすことになるのか。ここにはある世代から上の、自分さえよければ後はどうなってもよいという無責任さもあらわれていそうだ。

これに対し、第二、第三の点、高次産業や郊外、首都圏のスリム化論が採用されにくいのには、こうした世代論のような国内的な事情とは別に、もう一つ別の重要かつ解決の難しい問題があるからである。

それはグローバル化の中に私たちがいることである。高次産業や郊外、首都圏こそが、グローバル世界との重要な交流結節点になっていて、そのつながりなしに、地方の暮らしも含め、私たちの生活はすでに成り立たなくなってしまっているからだ。鎖国が可能ならば、それが私たちにとってもっとも正しい選択なのかもしれない。しかし、もはやそうした選択をとることもできない以上、私たちはこうしたものを否定せずに、海外との不断の関わり――それは協力よりもしばしば戦いである――の中に身を置いて様々な選択を行わねばならない。まさに増田レポートでいう「国家のあり方」についての問いは、決して避けるわけにはいかないものなのである。

4　グローバル化の中で

†誰が何を守るのか――国家と政府と国民

だがその際、このグローバル化の中で、守るべきものとは何で、またその守る主体とは何なのか。それが重要な問題となるはずだ。

ここで前章の最後に残しておいた問い、「「選択と集中」で守ろうとしているものは何なのか、そのために私たちは何を犠牲にし、何を失いつつあるのか」に戻ってみよう。

私たちは日々、国を超えた戦いの中にいる。国家を守り、経済を守らねば、国民の暮らしも何もない。増田レポート・日本創成会議の正義もそこから発していて、その点は決して否定されるべきではない。

だが国家を守るのは何だろうか。政府が守るのか。国民が守るのか。政府と国民はいかなる関係にあるのか。だがそもそも、それ以前の問題として、その際の国家とはいったい何を指しているのだろうか。

増田レポートに見えるのは、ある種のナショナリズムである。すでに引用したように、このレポートでははっきりと「この国のあり方」の観点から「選択と集中」を議論し、その際の物差しは「外貨獲得能力」であると明言している。

筆者が見る限り、ここでいうネーション（nation）――国家／民族、日本という集団の底にある根源的なもの――は、どうも「大国経済」だ。国民でもなく、暮らしでもない。この国の本質（nature）を、国際的な経済力（競争力）だとするところから発する議論なのである。そしてこの経済力を今後も高レベルで維持するために、集落や地方都市の選択（淘汰）を進め、国民をより強く統合し、国際競争を勝ち抜き、生き抜いていこうという提案になっている。だから人口減少や地方消滅から論を始めながらも、話が進むにつれてその点への関心は薄れ、「強い国家をつくる／維持する」ために何が必要かという話に行き着いていくようなのだ。第1章ではこれを、少子化をめぐる議論で確認しておいた。

筆者はここに、戦時中の国家総動員を推し進めた言説と同じ肌触りを感じる。危機を煽るだけで勝算ある戦略はなく、ただ無謀に前へ前へと進める戦いに、国民を送り込もうとしているかのようだ。ただその戦いが、直接的に軍事的なものから、経済戦争へと置き換わったのにすぎない。

とはいえそれでも、そこにある国民と国家の関係がなおも持続可能なものであるのなら、まだよしとしよう。国家生き残り戦略としての合理性があり、それをなおも国民が支え続けることが可能ならばだ。だがどうも、論理が奇妙なのだ。

話を戻そう。政府が国家を支えるのか。国民が国家を支えるのか。またその際の国民と政府の関係はいかなるものであるべきか。

筆者はこう考える。

国民が政府を支え、政府が国民を守る。そして政府と国民が互いに支え合い、協力しあって国家を維持する。この国家にまた国民は守られる。すべては相互的であるはずだ。そうでなければ関係は持続しない。バランスよくそうなっていることが必要であり、そして日本という国家においては現在もそのようになっていると思われる。

そして、次のことが重要だ。国民が政府や国家を支えるためには、国民はバラバラではなく、それぞれが何らかの集団に所属し、その集団を通じて国家と関わりを持っていなくてはならないはずだ。孤立していては何の役にも立たない。そしてその集団こそ家族であり、地域や自治体であり、また企業や各種の団体である。

だがこのレポートには家族も地域も存在しない。さらには企業さえ現れず、ただ国民の働く場にすぎないかのようだ。このレポートの国民は孤立した個人に過ぎず、集団は無用だといっているかのようだ。ただ国民がいて国家がある。そういう空虚な社会観に覆われている。

確かにいまや地域からも企業からもはじかれて、場合によっては家族からも離れて、個としての国民になってしまった人は大勢いるのかもしれない。しかしそうした状況が出てきているからこそ、なおも国民が国家と正常な関係を保つために、国民をもう一度家族や地域、企業などの集団に埋め戻すことが必要になるはずだ。筆者はそう考える。

しかしこのレポートで出てきている人間観・社会観は、次のようなものだ。国民が国家を守るなどということは必要ない。すべて国民は国家が守る。そしてこの文脈では、先の大国経済と並んで、ここでのネーション（国家）は今度は政府とイコールのようだ。必要な生活サービス、雇用の場、子育て環境、すべて国家＝政府がそろえましょう。政府があって初めて国家があり、国民の暮らしがあるのですよ――どうもそのようにいっているようなのだ。

ただしここからが重要だ。一億二千万人のすべてを守ることは無理だから、守るべき国民の側のスリム化が必要だ。「すべての町は守れない」。もちろんだから「すべての人も守れない」。すべては守れないのだから、国家＝政府のために役立つものと役立たないものとを分け、守るに足るものだけを選択せねばならない。守るに足るものとは、国家＝国際経済力＝政府を維持するのに貢献できるものだ。そしてそのように思考するならば、確かに国民は集団化せず、バラバラのままでいたほうが好都合だろう。集団化すればどんな抵抗が起きるかもしれない。

読者の中には、そのような議論はありえないと思う人もいるかもしれない。だが、世界を見渡せばそうした形で現実が進んでいるのも事実なのである。ゲーテッドコミュニティというものがすでに現れている。富裕層だけで外から隔離されたコミュニティをつくり、異質な他者を入れずに、自分たちだけで安全な生活を確立しようという住宅街が生まれつつある。あるいは富裕層だけで独立して形成する自治体さえ生まれている。余計なお荷物を抱えずに弱者を切り捨て、強者のみで集まって国家をつくれば、もっと豊かな暮らし、安全な暮らしは可能なのである。それだけの技術もあり、富もあり、また法的論理的根拠を獲得できる人たちがいる。

日本社会をそうした国民の分裂に追い込むのか、それともこの列島に暮らす人はみな、いままで通り仲良く協力しあって暮らすのか。増田レポートは確かに重要な選択を私たちの目の前に突きつけている。

†サービスの受け手としての国民像——依存する人間

だがもちろん、「外貨獲得能力」で地域を選別するなどというのは言葉の綾《あや》であり、増田レポートもそこまで論を進めているわけではない、ということにしておこう。事実、もう少し手前のところで地域の選択を行おうというものでありそうだ。

だがそうはいっても、そこには、「すべての集落に十分なだけの対策を行う十分な余裕はない」や「規模のメリット」の言葉に見られるように、生活サービスを提供するにはこれだけの人口規模が前提であり、それより小さな部分は切り捨てるという地域選択の考えははっきりと示されている。そしてそこでは、国家＝政府と国民との関係は、あくまで行政サービスを提供し享受するだけのものとしてしかとらえられていないようである。

ここには「選民」までの意識はないかもしれない。しかし、国民はただサービスの受け手としてだけ考えられている。国民が、労働者として働き、税を納める以外に、国家や政府を支えているという発想はどこにもないようだ。だが、この国民をサービスの受け手としてだけ見る発想は、国民の側からよりも、国家の側から——とくにその統治の面から——考えて、非常に危ういものを持っているように思える。

「国家が国民を守る／支える」論理が強すぎれば、一方で国民による国家への依存を強め、国民が政府や国家を支える力を弱めることになる。これはまたひるがえって国民は国家に従うべきであり、その犠牲になってもかまわないという論理にもなる。守ってやるのだから文句はいうなというわけだ。とはいえ、そこでもやはり基礎としての国民力は弱まる。

国家や政府への国民の依存という問題については、これを安易に考えるべきではない。「依存する人間」の怖さについては十分に注意しよう。大量の生活保護、被災地で長引く避難生活、そして旧産炭地コミュニティも貴重な経験だった。私たちの周りにはそうした現代型の難民が様々な形で存在する。人間は自立している限りは手をかける必要はない。しかしその人々が依存する者になったとたんに問題が生じる。そこには多層のジレンマが折り重なっていく。だからとくに政策に失敗してこうした人々を生み出してしまうことだけは、絶対に避けねばならないものであるはずだ。これからの日本を考えたとき、こうした「依存する人間」の大量発生を、筆者はもっとも恐れる。

統治は、人々の自立のもとに初めて確立されるものだ。もちろんもはや様々なインフラや政府が提供する制度なしに暮らせる人間はいない。だが、完全に自立している人間などいないからこそ、これ以上の依存関係は極力避けるべきなのだ。そしておそらく、自立した人間・社会をできる限り取り戻していくことこそが、人口減少社会の本当の目標になるはずだ。

国交省の「国土のグランドデザイン」が、過疎地の人々を拠点地域へと集住させる内容のものとして報道されたことについては何度か触れてきた。この記事が奇妙なのは、そもそもそんなことをすれば大変な事態になるという現実認識が、記事を公表した側に欠けていたことだ。政府が間違ってもそんなことを進めるはずがない。過疎地の農山漁村ではいま、ちゃんと自立した生活が営めている。これをまとめて集住させるということは、その自立性を放棄させ、死ぬまですべて国・政府が面倒を見るということを意味する。これは大変なコストだ。無理にやればそこで多くの死者も出るだろう。実際そんなことはできるはずはないし、そんな発表が政府から何の前触れもなく出るはずはないのだ。

国民と政府、そして国家の良好な関係を今後も築いていくためには、国民の自立こそ実現していかなければならない。逆にいえば、人口減少下の社会転換において、もっとも恐れねばならないものは国民の依存であるはずだ。

「自立」は、現行の「過疎地域自立促進特別措置法」(二〇〇〇〜二〇二〇年)をはじめ、これまでも地域政策のキータームとなってきた。これに対し、増田レポートでは、「自立」の観念はなく、せいぜいサービス供給体としての地方自治体の財政的自立のみが問題になっているくらいだ。だがもっと底辺で人々は、家族は、地域は、自営業者たちは、そして企業は、自立して活動し、政府や行政や国家を下から支えてきたのではないか。そもそもそうした自立的な営みこそが社会なのではないか。増田レポートにはそうした配慮が欠けている。これはいったい何を欠落したことによるのだろうか。

†自立した自治は可能か

人口減少社会を危機ととらえ、とくにその人口の偏在を問題視するならば、その状況に対して地域がいかに今後も自立的でありうるのかが問われなければならない。とはいえいまや、行政サービスなしには地域は存続しえないのも事実である。その行政サービスの維持や確保を人口規模で断ち切ることをちらつかせるようなことがもし出てくるとしたら、それはあまりにも足元を見た戦略であって、いかにも卑怯ではないだろうか。

行政サービスの低下を考えるならば、それは特定地域だけでやるのではなく社会全体のバランスの中で提案すべきだ。それを一方では多額の予算をつけてリニア新幹線やオリンピックを企画しておきながら、他方でわずかな予算を出し惜しみして暮らしに直結するインフラを削るとすれば。だがこれこそが「選択と集中」論の正体である可能性がある。

おそらく地域の自立や自治の実態を甘く見て、地方自治体の自治などできないものと見下しているから、こうした議論になるのだろう。逆にいえば、自治体の本来あるべき自治から政策を提起し、計画し、実行できるような態勢が、日本の地方自治の現場にきちんと存在していればよいということでもある。だがもしかすると、それがいまもっとも地域に欠けていることであり、最大の課題なのかもしれない。

このことは裏を返せば、地方自治が現実にできることを示さなければ、地方は、東京から／中央から／都市から、切り捨てられるしかないということでもありそうだ。どうも、「選択」に対抗するものは「自治」「自立」の論理のようだ。選択論という選択に対しては、自治論を明確に展開し、対置させなければならない。

こうして、物事を国家の経済力や統治の観点からはかり、規模のメリットで判断する「選択と集中」論に対し、自主、自立、自治の論理が対抗的なものとして浮かび上がってきた。ここに先ほどから触れている「多様性の共生」を加えて、増田レポートに見られるある種のナショナリズムに対し、もっと別の国家論、別のナショナリズムの対抗論理を探しだし、構成してみよう。そしてその論理で人口減少が防げるのか、またこのグローバル化の中で私たちが生き延びる道は見出せるのかが問われることにもなる。本当の選択の分かれ目はこうして少しずつ見えてきたようだ。

第４章
多様なものの共生へ

過疎集落活性化のための集落点検の様子（青森県平川市）。中央は提案者の徳野貞雄氏。

1　何と何の対立なのか

†家族をめぐるもう一つの選択

私たちの前には多様な選択可能性が開かれている。「選択と集中」はそうした選択肢のうちの一つにすぎない。では他にどのような選択肢がありうるだろうか。すでにいくつかのキーワードは提示してきた。それらを用いて、論理軸を構成していこう。

そもそも選択（choice）は、複数の中から選ぶものであり、一つしか道がないのでは選択にならない。危機感を煽られて「これしかない」と思い込むことだけは避けよう。「選択と集中」か、さもなくば地方消滅かではなく、もっと多様な選択肢があるはずだ。

ことの発端である人口減少についても、それをどのような問題としてとらえるのかについて、すでにそこに選択がありうる。国家と経済を最優先にしていることが人口を減少させているのか、それとも逆に経済力・国力が乏しいから人口が減るのか。どちらの見方をとるかによって、その先の選択も大きく変わってくる。

将来の家族のあり方についての選択も、次のように広がるはずだ。

もし国家の経済力を拡大・維持するために、次々と人員を供給し続けたのがこの半世紀の日本の家族の姿であったとするなら、これからもそうした家族から経済への人員供給を続け、国家体としてのさらなる統合強化を進めるのか。あるいはこの程度の国家統合で終了させ、ゆとりある暮らしを取り戻すために、行き過ぎた経済至上主義を抑えて、人々の暮らし方がもっと楽になる方向へと家族をめぐる制度を整え直すのか。

増田レポートがいう「防衛・反転線」も、国家・経済を防衛するのか、それとも家族・暮らしを防衛するのか、選択の余地があるはずだ。そしてこうした選択のあり方によって、私たちがとるべき道も全く別のものへと変わってくるに違いない。

筆者はこう見ている。太平洋戦争は日本人同胞だけで数百万人を死に至らしめたが、今次の新しい「経済による戦争」では「生まれてこない」形で、死ぬ前から命が絶たれているのではないか。私たちは間引きを過去のものだと思い込んでいるが、この十数年の間、私たちは結果としてそれを壮大な形でやってきたのではないか。そして「戦争」だからこそ、論理のおかしさにもかかわらず、この戦いに勝たなければ暮らしも何もないぞという威しに、多くの人は文句もいえずに従っているのではないか。いま起きている人口減少はまさに、この国際経済戦争への経済至上主義・国家至上主義的な国民総動員の結果なのではないか。

しかも戦線はもはや末期に入っている。どこかで早く止めねばならない。でなければさらに大きな犠牲が待っているだろう。経済戦争の手をゆるめ、家族を蘇生しなければ、私たちにはもはや後がない。そもそも家族がなければ、経済戦争に勝利しても何にもならない。いや勝利そのものがありえないだろう。

†地域の画一性と多様性

そして、地域の選択に関してはこういえる。

まずそもそも地域は本来、選択すべき（淘汰されるべき）対象ではない。人間を選択の対象にすべきではないのと同様である。場合によっては地域を選択することもあるかもしれないが、経済性や効率性で考えてよい地域は、鉱工業地帯や郊外など、近現代に形成されたごく限られたものであるべきだ。

また選択を行うにしてもその基準は、必ずしも経済性や効率性のみではないはずだ。文化や歴史性など別の基準もあるだろう。また、集中だけでなく、分散という選択もありうる。そもそも東京一極集中（極点社会）からの転換は、集中ではなく分散や均等が本来の筋なのではないか。

「選択と集中」で地方を救おうとする人たちの念頭にあるのは、あくまで国家財政の振り分け方にすぎないようだ。そのため、分散ではなく一定の基準に沿った「選択と集中」に行き着いてしまうのだろう。だがそうした一律の基準による画一的集中化が、そもそも東京一極集中を生み出したもとではないのか。逆にその大もとからの転換を図るためにも、首都圏を中心に集中してしまったものをいま一度分割し、分散化させる、そういう発想をとるべきではないか。少なくともこれも、もう一つの選択になるはずだ。

そして何より、地方の側からはこう見える。「選択と集中」なら、すでにさんざんやってきたではないか、と。これまで地方は国の地域政策に何度も振り回され、様々に失敗の責を負わされてきた。まずは直近の平成合併が「大失敗」だった。また自由競争のための規制緩和が行われ、延々と日本全国同じように展開するバイパス沿いのモール街が地方都市の中心市街地を壊し、地場の商工業を駆逐した。その大店法《だいてんほう》改正（一九九一年）・廃止（二〇〇〇年）もまた中央で行った海外との駆け引きの結果、選択されたものである。

さらにはリゾート開発やグリーンツーリズム、観光促進と、地域政策の導入・介入は様々になされ、そしてそのほとんどが地域にとっては失敗だった。何より今回の震災で、原子力政策がとんでもない詐術であったことが見えてきた。そしていま、さらにTPPの合意に向けた交渉が進行している。

これら様々な上からの「選択」が地方の崩壊・縮小化を促進したのは紛れもない事実であっ

て、だからこそいままた「選択と集中」を前にして、「まだこの路線を続けるのか」という声があがっているのである。それを反省し、別のやり方に変えることができないか。これがもっとも重要な選択になる。

増田レポートの議論は、これらの失敗を反省するどころか、その失敗で倒れた屍を踏み越えて、さらにこの路線を推し進めようとするもののようだ。それはどこかで、太平洋戦争の大本営に似ているかもしれない。戦術に失敗し、その失敗を取り戻すためにさらに失敗を重ね、傷口を大きくしていく可能性がある。日本創成会議のメンバーにこれまでの改革の関係者が関わっているという話も、この感触と無関係ではないだろう。

国家として経済競争を勝ち抜くために、全家族総動員で労働市場に参入することを求め、その結果、人々は死なないまでも、生まれてこないという形で大量の犠牲が強いられている。さらに、全国各様であった地域の画一化が進み、地域が人口維持できないほどにその姿を歪めてしまった。増田レポートの提案は、そこに「選択と集中」を行い、さらに輪をかけて動員しようというものだ。この戦線をなおも広げていくのか、それともこうした路線を諦め、国家総動員を解除して、各地域の多様なあり方を認める社会に切り替えるのか。

†選択の選択――なぜ選択なのか

しかしなぜ私たちは、ここまでの選択をしなくてはならない羽目に陥っているのだろうか。それは「選択と集中」論が「選択と集中」を選択するよう要請するからである。しかもそこには一つしか選択肢がないのだから、選択というよりも強制的な誘導が進められているといわねばならない。その誘導に乗る前に、それを受け入れるかどうかかの選択（メタ選択）こそが必要なのだ。「自治体消滅」「地方消滅」、さらにはこの国の消滅へ――こうしたセンセーショナルな物言いに惑わされて、選択を強制する策略に乗ってしまうのがもっとも危うい選択だ。

私たちの家族や地域は、「選択と集中」が突きつける要請に従わなければならないのか。もし私たちがそれに従わないのなら、切り捨てられるのか。逆にその選択に乗った者にはどんなアメがもたらされるのか。だがそもそもその選択は誰の選択なのか。

それとも、そういう選択はやめて、多様なものが多様なまま、互いに存在を認め合って共生することを選ぶべきではないのか。そこには集中ではなく分散が、そして強い経済力ではなく、持続力やしなやかさが対置されることになろう。

「選択と集中」とは要するに、そうした多様性を許さない思考法なのである。ここには何かの強迫が働いており、ある基準への画一的隷従を要請する。「多様性」という対抗軸は、偶然に出てくるものではなく、「選択」という強制がなされるがゆえに必然的に現れるものである。どちらを選択するかは重要な分かれ目だ。ここには別の道はない。「選択」という言葉がそれを許さないからだ。これに対して「多様性の共生」の立場は、どこかで「選択と集中」の立場を許す。それも個性の一つだからだ。「多様性の共生」の側からは、「選択と集中」との共生は可能だ。

ここで示されている選択はだからこういうものだ。私たちはこのまま個人や家族や地域を犠牲にしながら、国家一丸となって海外の国々との競争に打ち勝つことを望むのか、それとも互いにバラバラなままその多様性を認めつつ、協力しあってこの国の中身の充実に貢献していくのか。そこで現れるグローバル社会は、「選択と集中」が想定するような油断ならない敵に囲まれた状態ではなく、互いに異なる文化を認め合い融和する国際社会であろう。私たちはそのどちらかを選ばねばならない。

戦うのか、融和するのか。むろん、私たちがとるべき道はどう考えても後者になるはずだ。誰も好きこのんで戦争への道など進むものはいない。「選択」という語をしっかりと吟味して初めて、私たちはどちらへ行くべきなのか、正しい選択への道筋もはっきりと見えてくるのである。だから「増田レポート」は、私たちにとっては必ず通るべき行程でもあった。後は正しく、間違いない選択ができるかどうかだ。

2 現状認識と方向性——依存と自立、排除と包摂

†自立と依存について考える

私たちをとりまく現状を、さらに自立と依存という点から見つめ直してみよう。

私たちの暮らしを支える仕組みは巨大化し、複雑化している。行政サービスなしに生きられる国民などもはやいないのだから、自立した地域や住民などは幻想にすぎない。

しかしまた、すべてを頼られても、それに応える能力は国にはない。前章でも述べたように、そもそも社会や国家は「依存」では成立しない。国民は、行政や国家に依存しつつも、他方で自立もし、国が進める様々な事業に協働し、協力していることが、国家が存続するための前提条件だ。それに対し、増田レポートの内容は、国民をサービスの受け手とし、国家に依存していることを前提にする。そうした思考法が持つ問題点も前章に記した。

しかしながらどうもこれは、増田レポートの問題というよりも、私たち国民自身の思考法の中に潜んでいる罠のようでもある。私たちはしばしばこう考えている。「国が何とかしてくれ

る」はずだが、「自分の暮らしの未来も見えず」、「国が進めることは間違い」であり、それゆえ「協力したくない」と。依存し、批判するが、自立しているわけでもなく、まして積極的に協力するのでもない。

またその際の「自立」についての発想も問題を孕んでいるようだ。もしかすると私たちは、お金を持っている人が経済的に自立した人たちだと勘違いしてはいないだろうか。マネー投資家や高額貯蓄者は自立しているのだろうか。果たして彼らはこの国の存立に協力し、生産し貢献しているのか。少なくともお金を持っているのだから、どんなときも国の迷惑にはならないと見る人もいるかもしれない。だが、これだけ世界は揺れ動き、天変地異が続いているのだ。お金の価値など、本当にいざというときに頼りになるものではない。

経済的に自立している人とは、たとえ天地がひっくり返っても自分の才覚で生産し社会に貢献できる人だ。農業者や漁業者はむろん、一次二次産業に携わる人はみなその資格を備えている。そして商売をし、ものを運んで生計を立てている人々も。料理人や理容師や、看護師や介護士など、サービス業に関わる人は、こうした自立した人々がいて初めて暮らしが成り立つ。そして筆者のように情報や科学に携わるものは、さらにより多くの人々の関係の上に初めて暮らすことができるのである。

だがどうも、こうした当たり前の思考が、私たちのうちから、この数十年ですっかり失われてしまったようだ。どこかで金さえあれば何とかなると思い、金がないから不安だと思いはじめている。だが私たちはかなり深くつながりあっていて、互いに助け合っている。だからこそ、この日本という社会は健全に機能しているのである。金融破綻は確かに恐いが、それは海外との関係においてであって、国内の協力関係さえしっかりしていれば、私たちはもはや不安に思う必要はない。それほどの生産性を保ち、また互いに強く支えあう関係をつくっているのだ。だがその地道な生産や、生産する人々とのつながりがいまや実感できずに、目に見える金や経済のほうがリアルなものに感じられてしまうようだ。

そして近年、私たちはこの確かな絆の連関を、経済効率のために崩しすぎてもきたようだ。私たちはそれを何らかの形で取り戻す必要がある。しかもなお日本という社会ではお互いに強い信頼は抱いていて、社会参加への高い志をもつ人は大勢いる。この社会にリアルに参加する、そうした国民認識を再構築できるかが、転換期を乗り切るための大きなカギになる。

†社会は経済と雇用だけで成り立っているのではない

このように考えると、近年、政府がさかんに発してきた「国家が国民に雇用をつくる」というメッセージが、国民に「国民は国の用意するものにぶら下がっていればよい」として受け取られてきたのではないか、大変気になるのである。いまの国民の意識は「仕事は自分でつくるものだ」から、「雇用は国がつくってくれるものだ」に変わりつつある。だからこそ、「仕事がないから地域は続かない」「結婚できない」「子どもはつくれない」という言い訳を、私たちは毎日のように耳にするのだろう。本来は、国民に安心して暮らしてほしいということで進めてきた施策が、いつの間にか依存の罠となり、かつそれが国民の不安とあいまって上からも下からも絡まり合い、心の悪循環につながってしまったようだ。

これに対し、農山漁村の暮らしを見てみると、経済規模が小さいぶん自己完結しているので、政府が提供するものが拡大しようが縮小しようが、自立し、安定していられるのだろう。米や野菜をつくる、山菜やキノコ、魚介類をとる。これらに出稼ぎやパート、アルバイトを組み合わせれば、暮らすのには十分だ。もちろんその豊かさは都会のそれとは違う。だが、暮らしの自立や安心という点では優れた面があるわけだ。

都市の暮らし、村の暮らしはそのどちらが良いというものではなく、それらが互いに組み合わさって一つの社会をつくり上げるものだ。持続可能な社会は、様々な暮らしの仕方があり、様々な仕事が重なりあうことで成り立つ。また多様な暮らしがあることで、それが資源となって、新しい時代に新しい組み合わせを生み、様々な産業も生まれ育つのである。

バブル崩壊を経ても農山漁村が存続してきたので、豊かな食材があり、多様な人材が生まれ、様々な考え方や文化が生じ、観光もリゾートも食もそれなりに実現されてきた。そもそも戦後の長期にわたる秩序の実現も、日本の村社会の安定が下支えしてきたものと見るべきである。農産物が安いので農家は大変だが、安いからこそ日本社会は安定しているのだ。これが高騰すれば一挙に日本経済は崩壊するだろう。

「経済と雇用」は国の根幹だが、これだけを大事に扱うと、きわめて画一的な社会が形成されてしまう。かつそれは、その画一性に符合する人々と、しない人々の間の分断を生み、政府の政策の網から外れた人々の排除と、落ちこぼれまいとする人々の強い依存を誘引する可能性がある。

いま筆者は農家を自立した人々として特徴づけた。しかしこれを別の面から見れば、農政に依存した経営の実態があり、またその兼業にも公共事業の発注に頼り切った土木建設業の姿が見えてくるだろう。だがこれも、農家が悪いというよりも、それこそ「経済と雇用」を重視した政策がもたらした結果と見るべきものだ。そしてまた「経済と雇用」を無視するわけにもいかない以上、依存と自立は二者択一というより、そのバランスこそが重要なのである。

†排除から包摂、そして多様なものの共生へ

この視点から増田レポートを振り返ると、そこで展開される「選択と集中」論が求める社会は、どう見ても「経済と雇用」一辺倒である。驚くほどきれいに、それ以外の暮らしは現れて

こない。この政策が示す選択から外れた人、すなわち選ばれなかった者は、この社会から「排除」され、自力で道を切り拓かねばならないようだ。だが行政に頼らずに生きることはもはやこの国では不可能であり、政策からの排除はまさに棄民になる。

こうした「排除」型の社会に対し、「包摂」でもって、多様な人々が「共生」する社会を目指すことも選択の一つになる。あらゆる者を包みこみ、共に生きることのできる社会へと摂り込むこと。排除(exclusion)に対する包摂(inclusion)、あるいは共生(symbiosis)。そして共生は、生物学の用語でもあるが、また仏教用語(浄土宗でいう「共生《ともいき》」)でもあった。

「選択と集中」に対し、私たちは「多様性の共生」を対抗理念として掲げることができる。「選択」には「画一性」への要請が潜むがゆえに「多様性」が対置され、また「集中」は「分散」と対比されるが、多様性は単なる分散ではなく、より積極的な「共生」を含意する。

加えてまた、「選択と集中」は国民の「依存」を孕み、これに対して「多様性の共生」は「自立」を基調とする。また「依存」する者をすべて包摂できない以上、「選択と集中」は「依存してよい者」と「依存させない者」との差別を生み、それゆえ「排除」をもたらす。これに対し、「多様性の共生」は「支え合い(相互依存)」を基調とすることで、多様なものの「包摂」を目指すものである。

問題は、こうした「多様性の共生」のような理念を実現するためのしっかりとした政策形成・実施回路がいまの私たちの手元にはないことである。それに対し、「選択と集中」のほうは、もはや政策の中心にその座を占めつつあるようだ。ではどうしたら「選択と集中」に代わる、新しい政策回路は生まれうるのだろうか。ここにもまた、もう一つの選択の分かれ目がありそうだ。

3 つくるべき多様な問題解決回路――上意下達と共同・協働

†小さなものへの再編成は可能か

そもそも選択する者は誰か。国・政府なのか。あるいは学識を持った有識者なのか。しかしだとしたら、ある者がある者を選ぶということになる。他者によって選択されるのではなく、自分たちで選択する――それしか答えがないのだとしたら、自治をしっかりと確立するしか道はない。すでに前章で述べたように、「選択」に対抗するものは、究極的には「自治」だ。

ところで、そもそも自治は、小さな地域にのみある。自治を成立させるためには、自治体の人口をむやみに増やしてはならない。ここでいう小さな自治とは、一人一人の思いを集団につなぐことができる能力という意味である。

自治は小さな地域にのみある。これはヨーロッパの一部においては常識でもある。その数は一万を超えてはならないという話もあり、二〇〇〇人程度という話も聞いたことがある。日本では一五万人がギリギリだろうという人もいた。逆にいえば、集団が小さければ小さいほど、自治は自然に働く。現実に戸数の小さな集落ほど自律的なのはそのためだ。自治と規模のメリットの追求は相反する。

これに対し増田レポートの戦略は、自治体(サービス供給体としての行政)を守るために人口を集めましょうといっており、これはサービスを維持するために住民自治を解消しましょうということにもつながっていく。行政自治体をただ財政面からのみその適正規模を見ており、そのことによって積極的に自治を壊そうとしているかのようだ。

そもそも家族といい、地域といい、増田レポートに欠けているのは、こうした小さな単位への配慮である。すべてにおいて「大きくすればよい」ということが優先されている。これもまた、社会は小さいほうがよいのか、大きいのがよいのか、選択の一つになるはずだ。

ところで小さなものを選択することは、一人一人の個人の選択を尊重することでもある。もちろん自治は社会の規模が小さければ自動的に働くというものではない。しかし大きくなれば必然的に一人一人の主張表現には制約がかかることは間違いない。

これまでの自治体の規模拡大路線が国民の自治能力を妨げ、国家への強い依存感覚につながっているとすれば、規模縮少を目指して自治の回復を求めることは今後の当然の選択になるはずだ。そして実は、これこそが極点社会化に対する本当の対応であるはずなのだ。自治を目指すのか否かの選択は、国家権力を大きく一つにまとめるのか、小さく分散させるのかの選択でもある。

こうして見ると、増田レポートが、極点社会（東京一極集中）は駄目だが、「地方中核都市」への集中は行うべきだというのは、やはりおかしな発想だといわねばなるまい。おそらく、「地方中核都市」への「選択と集中」では、極点社会化は回避できないだろう。むしろそれは、小さな単位をつぶし、かえって傷口を広げることになるはずだ。ましてそれで出生率が上昇するとは到底思えない。出生率は暮らしに結びついているから、日本に暮らす人々の自治や自立の考え方そのものを取り戻すことによってしか、その回復には結びつかないだろう。

強権的な国家主義的手法

ところで、増田レポートには、人口減少・地方消滅に対する戦略とともに、その戦略を推進するための体制づくりに関わる提言がある。ここでその部分に注目してみよう。レポートは次のようにいう。

「こうした「国家戦略」の基本構想を描くため、国に「中央司令塔」に当たる組織を置く必要があるだろう。さらに、基本構想を踏まえて具体的なプランを作成し、実施するために、広域ブロック単位で「地方司令塔」となる組織を置くことも重要である」(四三頁)。

そして、この内閣の「中央司令塔」を「総合戦略本部」とし、「地方司令塔」を「地域戦略協議会」とするというのだが(四四頁)、まさに上意下達のヒエラルキー構造でこの事態を乗り切ろうとしているわけだ。ここに付け足しのように「国と地方が共通の課題認識のもと、目標を共有し、取り組むことが求められる」や「地域の問題は、地域で決める」、「地域自らのイニシアティブによる多様な取り組みを支援していくことが重要」(四三頁)などと言葉が添えられても、これではただ形だけの言い訳ととられても仕方がないだろう。ここにはさらに道州制を仕掛けようとする論理も垣間見え、このことは増田レポート批判の大きな論点にもなっている。

ここではともかく、自治への配慮は全くなく、上からズドンと地域戦略を行き渡らせるような組織を提案しているわけだ。そして「選択と集中」でどの地域を残し、またどの地域を残さないかもここで決める、ということのようだ。

いわゆる開発政策にとどまらず、地域の撤退や消滅に関わる問題までも上から下へと下ろす形で戦略化し実施するというのなら、ここでいう「地域戦略会議」は、これまでと同様か、それ以上に地域の主体性を削ぐ強力な権力体になるだろう。そしてそうした戦略会議の行き着く先は地方のさらなる依存であり、国民全体の依存でもあって、国家がすべてを引き受け、地方や国民はそれに動員され、付き従っていればよいという空虚な国の完成に近づくように見える。だがそれで国家再生の設計図ができ、予算は付いたとしても、国民はもはや主体的には動くまい。自立も自治も失えば、もはや国民に主体性は残らない。ただ強権的な国家だけがそこに聳《そび》え立つことになる。

筆者には、この計画はどう見ても絵空事にしか思えない。しかしこの提案を受けて、現在の政府の「まち・ひと・しごと創生本部」が設置されたという話もある。当本部がそんな傲慢な司令塔にならないよう、細心の注意を払って運営されることを望みたい。

†上からの選択と集中か、上と下とで協働するのか

こうした「選択と集中」論による、自治を否定した強権的な国家主義的手法に対し、「多様なものの共生」を実現する道筋はもっと別の異なるものになるはずだ。そしてこれもまた、選択のうちの一つになる。

「選択と集中」は、国家をより統合し、画一化し、効率化する。ここには住民参加や自治の回路はとくに必要とされない。増田レポートを開いてみれば、その戦略には驚くほど参加や自治

の記述がないことに気がつく。全くないといってよいのはやはり、何かの意図が存在するのか、あるいはその思考に本質的な欠陥があるのか。現代日本の政策形成において、参加や自治の発想が欠けていてよいはずがないからである。

こうして上からの一方的な――ただしむろんそれは日本を代表する知識人や有数のコンサル企業が描く精密な設計図ではあるのだろうが――決定に、国民が諾々と従う、そういう賢人政治のようなプロセスを「選択と集中」が目指しているとすれば、それに対置されるべき政策遂行プロセスは、当然ながら、下からの参加と共同（協同・協働）になるはずだ。そして、参加と共同こそ、二〇〇〇年前後から私たち国民が、政府とともに――しかも自民党、公明党、民主党など関係なく、ほとんどすべての党派を通じて――試行錯誤を重ねてきたものであり、まだ十分に成熟しているとはいえないまでも、少しずつその手応えを感じ取ってきたものだ。

むろんそこには様々な反省がある。これまでの「参加と共同」は、それこそ上からの決定に対するサポート役ぐらいの位置づけしか与えられてこなかったからだ。重要な決定は、一部の例外を除いてつねに上で行われてきた。

新しい選択の第一歩は、この上意下達になりがちな我が国の「参加と共同」のやり方を入念に点検し、ただ下からそれを進めるだけではなく、上からも歩み寄ってしっかりと協同（上からの協同）する具体的な形をつくることだ。要するに、行政サービスへの市民の参加・協働にとどまらない、上と下との協働による問題解決過程の構築こそが、もう一つの選択になるべきである。

二〇〇〇年代以降に行われた様々な改革の中でも、「協働（共同）」の理念だけが、新自由主義の持つ苛烈さを和らげるものだった。この理念さえ、レポートからは欠けてしまっており、あたかも「強い国家を実現する体制を地方からつくれ」と頭ごなしに命令されている感覚を受ける。それもそのはずだ。このレポートが導く結論は、もっとも自治や住民参加のしにくい、地方中核都市への人々の誘導である。こうした巨大自治体への吸収・統合を、地道な参加や共同で行えるはずはないからだ。

逆に、参加や共同を入れたとたんに、増田レポートのプランは下から破綻する、そういうものだろう。「地方のため」「東京一極集中を止めるため」という掛け声の背後で、こうした中央集権的思考が明確に展開されていることにこそ、私たちはもっとも警戒しなければならない。このレポートにはどうも二枚舌が目につく。その主張が何を目指しているものなのか、枝葉を切り落とし、その幹の指す方向をしっかりと見きわめる必要がある。

†経済的な誘導から、心理的・社会制度的な誘導へ

人口減少問題を解くためには、「多様性の共生」から発する「参加と共同」の実現こそが不

可欠だ。このことは、いま一度この人口減少という問題の難しさを振り返ってみれば理解できるだろう。

問題はきわめて心理的である。この問題には国民各人の思惑が複雑に絡む。変革の起点は国民それぞれの日々の行動に求めるしかない。もっとも、そうした負の心理が生まれるのは、自分たちのとるべき道筋が見えないからであり、個人を超えたどこかでそれを示し、共有する必要もある。そもそもジレンマ問題とは、解決の道筋が見えないから生じるのであって、個人でそれが見えるのなら問題にさえならないはずだ。そしてこの問題には国家が深く絡んでいるようだから、解決の道筋もまた国家のあり方を含めて探っていかねばならない。

とはいえそれを、国主導ですべてやればよいなどというなら、それは政府に近い者が抱く奢りだろう。この道筋は国に「戦略本部」をつくっただけで見えてくるとは到底思えない。まず進めねばならないのは、「どういうジレンマが生じているのか」「問題の構造はいかなるものなのか」、このことをきちんとした形で解明することであり、その解明を通じて、「誰がどのように協働して、問題解決へと進めていけばよいのか」、その見通しをつけていくことである。

そこには当然、問題の起点である当事者＝国民自らが関わらなければならないが、問題は複雑であり、かつそこには必ず国や政府のあり方も深く絡むので、国の関与についての分析も絶対に必要になる。多様な社会の関わりの中で問題が起きていることを自覚するなら、国民＝集落・町内＝市町村＝県＝国が一つ一つの問題を根本から問い直し、制度変革も含めて考え、解決に導いていくような道筋を描く必要があるだろう。そこには多様な領域の専門家も必要になろう。

だがこれは容易ではない。多様な人々が多数集まり、共同し、何度も失敗を繰り返しながら、「これならできる」という道筋が見えるまで試行錯誤を行わねばならないからだ。安易な上意下達ではない、こうした上と下との協働のプロセスをいかにしっかりとした形でつくり上げることができるか。このことも確かに一つの選択になるはずだ。そしてこうした問題解決のプロセスが確立できることこそが、「私たちにはできる」「私たちは大丈夫」という暮らしの安心、未来への安定の認識につながる可能性がある。要するに、依存こそが不安の正体だとするならば、それを乗り越えるのは参加や共同でしかないはずなのだ。人口減少問題の解決にとって、社会への国民の参加と共同は不可欠のものだとさえいえそうだ。

こうした問題解決のプロセスづくりに、国民も自治体も、企業も、地域も、そして政府や専門家もみなが参加して、アイディアを出し、ジレンマを解決に導くための一筋の道を通していかなければならない。そのために必要なことは、上意下達の体制や、そうした体制で決定される財源や資金の確保などではない。むしろそこに参加する人々の思いが問題解決に向けて一つにまとまること、問題解決に向けて多数の参加者が集まり、汗をかき、協働し、試行錯誤を繰り返して、最後までそのプロジェクトを貫き通していく努力を積み重ねること、そうした体系をつくり、そのプロセスを長期にわたって保障していくこと——こうしたことになるはずである。

おそらくこうしたプロセスづくりには、人件費や旅費さえ確保すればそれほど大きな資金が必要でもなく、むしろ国民が社会参加する時間を企業などから融通してもらうことで、お金ではない社会貢献のあり方を国民全体で考えるきっかけを提供することにもなるはずだ。そしてまた財政面では、単年度を中心とした、単発公共事業積み重ね型の補助金ではなく、長期に薄く問題解決まで続けられる課題解決型事業のあり方が試みられる必要がある。それは基金型事業の確立を要請するかもしれない。つまりは、公共事業のあり方そのものにまで踏み込んで、選択のうちに入れる必要もあるわけだ。

4　社会実験モデル事業による問題解決への試行錯誤

†公募による社会実験モデル事業の提案

そうした共同・協同・協働は、具体的にどのように可能なのか。本当の意味での自治や共同がこの国ではなかなか立ち上がらず、それゆえ結局はすべて上意下達で決まり、形だけの住民合意しか行われずに終わる。そして後になって「あれは自分たちの本意ではなかった」などと住民にいわれ、何のために行われたのか分からない事業が山積してしまうのは、自治や協同を具体的に行う手法がこの国に適した形でまだ開発されていないからだ。

だがこの国で自治や共同ができないわけではない。むしろこの国はもともと小さな自治と共同で成り立っていた。少なくとも戦後直後まではそうだった。私たちはどこかでそれを見失っているだけだ。ではいかにしてそれを、この時代の中で新たにつくりだしていくことができるだろうか。

二〇一四年六月、内閣府は地方分権改革有識者会議をとりまとめ「個性を活かし自立した地方をつくる〜地方分権改革の総括と展望〜」を公表した。そこでは二〇年に及ぶ地方分権改革の総括を踏まえ、改革の新たな手法として、地方自治体から全国的な制度改革の提案を募る「提案募集方式」、さらには地方ごとの多様な事情に対応する「手挙げ方式」の導入が示されている。これらが具体的にどのように展開するのかは未知数だが、画期的な改革につながる兆しはある。この国のベクトルがすべて上意下達方式の完成に向かっているのではないことは確かであり、下から上への協働の門戸は開かれつつある。

とはいえ、地方自治体にいきなり手をあげる権利ができたとしても、それだけで上と下との協働が実現するわけでもないだろう。そこにはさらに、上下の協働を実現するための用意周到な創意工夫や態勢づくりが必要となる。

ともかくしっかりとした協同体制を組んで、問題を具体的に解いてみるのが先決だ。ありがちだが、実際にはまだ行われていない(と思われる)、次のような新しい社会実験ともいえるようなタイプの問題解決型モデル事業を政治主導でできないだろうか。もしこうしたものが具現化できるならば、「国民主体・住民主体で、政府と一緒になって具体的に問題を解き、次の社会へとバトンタッチしていこう」という強いメッセージにもなるはずである。

例えば、次のような公募による課題討議実験は実現可能だろうか。ここは政策担当者側(国・県・市町村)の視点で記載してみよう。

†問題解決型モデル事業の展開プロセス

①課題テーマの設定は小さな地域から

まずは、取り組むべき具体的な問題と対象の設定を、市町村ないしは集落単位の公募で決定する。その際重要なことは、取り組むテーマはすべて地域を起点にし、ともかく各地でいまもっとも解決の必要な問題をあげて、その解消に取り組むことだ。場合によっては一人の住民の提案からでもよい。あるいは、これはという市町村長のいる自治体をピックアップし、その地域で目下必要な課題解決を目標とするのも現実的かもしれない。

そうした課題を析出するのにもっとも理想的な手法が、筆者が前著『限界集落の真実』で取り上げた、「集落点検」（徳野貞雄・熊本大学教授、本章扉参照）である。現行の政策・事業は、どうしても各省庁が掲げるテーマに各地域が合わせるやり方になってしまう。必要なのは、問題提起の起点をできるだけ小さなところにすることだ。そしてそうした小地域の問題を、国も交えてじっくり話し合い、解決への道を徹底的に考えてみるのである。

実際にあがってくる課題については、以下のようなものが考えられよう。学校統廃合と地域の存続、合併後の地域行事の再建、中心商店街の活性化、耕作放棄地や空き家の活用と再生、地域交通や医療の確保、地域産業の再編と再統合、地域の結婚難・子育て問題、Iターン者の地域への包摂、Uターン者問題、観光・グリーンツーリズムや環境教育の再建強化など。むろんこれは例であって、そのときにその地域でもっとも切実な問題を取り上げることが大切だ。

②問題解決へ向けた討議の場の設定——上から下までの総参加で

次に、問題状況に関係する、参加者の確保を実現していくこと、それも問題に関わるすべての関係者を取り込むことである。おそらくこれが、この社会実験モデル事業が成功するか否かを占う、まさに実験的なプロセスになる。

これまでは現場重視の観点から、こうした議論はしばしば住民のみでなされてきた。逆にいえばそれは、すべての責任を現場に押しつけてきたものともいえる。これに対し、この事業では実験討議参加者を住民から自治体、専門家や政府までを含む、課題解決の当事者全体に広げたワークショップとして実施するのである。ある意味では、ある一家庭・一集落の問題を、この国の全面にわたる関わりを含めてチェックし、議論できる場の設定を行おうということだ。参加者は、市町村・県の職員（それも各関係担当課、場合によっては周辺自治体も含む）、住民・地域（集落・町内会など）、関係する事業者・組合、NPO・市民団体、各種専門家（研究者など）、国各省庁の担当者、政府関係者などが考えられる。

これらの人材で、その課題を集中的に議論する時間と場所を確保し、徹底的に討議する。そこには利害関係もあるので、その地域や問題のことに詳しい、第三者的な専門家の関わりも不可欠だろう。また全体の進行を司る中立的なファシリテーターの設定も必要だ。こうした場の設定、役割の設計を丁寧に準備して討議の場をつくっていくのである。

議論では、その問題の解決に向けて何が必要なのかを徹底的に掘り下げ、ジレンマ状況を分析し、かつそこから住民にできること、市町村でできること、都道府県でできることを話し合い、毎回、次への宿題を持ち帰って具体的に調べ検討してくるようにする。またこうした議論の拡がり方に合わせて、場の参加者を増やすなどの調整も必要になる。

③客観的・中立的に問題点を解析し、徹底的に掘り下げて、最適解を見つける

さらに重要なのは次の点だ。こうした議論で出てきた問題点を政府サイドでも掘り下げ、制度的枠組み改編の可能性を検討するところまで、問題解決の実現に向けた議論を展開する態勢を整えるのである。これがここで述べている、「上からの協働」の意味だ。

そのためには、事業に関わる専門家やファシリテーターには、議論が公平に正当に進んでいることをチェックするだけでなく、問題解決のために「その地域にとってどうしても必要な事業」や「その地域だけに許される制度」の成立論理を探り、政府に示すことが求められる。また逆に、参加者間の役割関係も見通して、住民や自治体自身でなすべきことを明確化する必要もある。無理難題を政府に持ち込むのでは、この実験プロセスそのものがフリーズしてしまうからだ。

それゆえここではとくに、地域から離れた利害中立的な専門家(たち)が大きな役割を持つことになる。専門的な立場から、どこに解決の道筋があるか、適切な助言が求められる。専門家の専門性は、問題設定によるだろうが、ここでは必ず人文社会科学が中心になる必要がある。また必要に応じて関わる専門分野を増やしたり、あるいは専門家の求めに応じて情報を開示し

たり、ヒアリングを実施したりという行程を置くことも想定しておかねばならない。

またこうしたものを進めるにあたっては、政府が任意に専門家を選ぶのではなく、学術領域の自律的な「地域再生専門家協議会」のようなものを組織して、学術・科学として責任をもって人材を派遣する仕組みをつくることも必要だろう。

こうして展開された一連の議論を受けて、制度を運用する行政機構が、専門家の協力を仰ぎながら、住民たちの意向や協同を踏まえて、当地域の問題解決のために必要な事業の確立や制度の変更までをも具体的に検討し、またそれを具体的に試行する制度運用の社会実験の実施まで企画し進めていくのである。

こうしたモデル事業を、対象となる住民や自治体の協力で試行錯誤を重ねることで、まずは各地で生じている社会的ジレンマを個別に解消していく道筋を見つけ出していくことが可能になるはずだ。そしてこうしたケーススタディの中から、さらに吟味を重ねて個別ケースを超えた、全体に共通する制度の問題点・改善点を抽出し、解決手法を普遍化していくということになる。

なおこうした事業が実現するには、企画する政策担当者や住民、専門家の努力はむろんのこと、政治家（各首長や各議会議員）の強い関わりが求められるだろう。このことも特記しておこう。こうしたプロセスへの参加を関係者に要請し、それを実現し、全体を調整して問題解決への道筋を導いていくためには、政治家がこのプロセスに責任をもって深く関わっている必要がある。当事者が上から下までみな参加し、安心して議論できる環境づくりには政治によるサポートや各種の決断が不可欠だからだ。これはまた逆に自治と共同で進めるプロセスにおいては、政治家の役割もまた従来のそれから大きく変わってくるはずだということでもある。

†問題解決は問題の全体像を知ることから

以上のプロセスは要するに、①ある住民の抱える問題が、集落↓市町村↓県↓国・各省庁↓政府へと上がり、②かつまた逆に、その問題への対応が、政府↓各省庁↓都道府県↓市町村↓集落へとつながって、最初の問題提起が、その解決までしっかりとフィードバックできるような仕組みがつくれないかということに尽きる。ここにはさらに政府や都道府県が関わらずとも、住民で、家族で、集落で、市町村で解決可能な問題も多いはずである。それらを振り分けていくことで、各社会レベルの役割分担も明確になっていくだろう。

おそらくたいていの問題は、その問題の全体構造が分かっただけで各自やるべきことが明確化し、ジレンマは解消され、悪循環は止まるのではないかと思われる。問題によっては、その全体構造を知るという心理効果こそが、解決に直接寄与することにもなりそうだ。

何度もいうように、そもそも私たちはまだバランスを崩してはいない。問題はしばしば心理的社会的であり、小さな調整でうまくいくことがかなりあるはずである。「選択と集中」などという荒療治は、こうしたバランスの根っこにある小さな調整の可能性を根こそぎ奪い、持続不可能な地域を多数生み出すことにつながるだろう。そうではなくむしろ、一体化した日本社会の中で、各地域で進める多様なやり方を互いに認める制度設計や、各地で行う問題解決プロセスの構築を推奨し、みなで支えあい、協同を積み上げることのほうがよほど効果的であるはずだ。その協同を具体化する条件を探ることこそが、このモデル事業が目指す目標なのである。

5　自治を通じて問題に真摯に向きあう

†成長を目指すのか、問題解決を目指すのか

だが、ここには大きな制約がある。こうした問題解決の中心主体は国ではなく、知識人でもなく、地域住民自身であり、そして解決の方向へといざなうことができるのは、いまの制度の中では地方自治体しかないわけだ。ところがそこにいま、ここで示したような問題解決のプロセスを進めるだけの十分な力がないのである。それゆえに、こうした自治を飛び越して、私た

ちは国や専門家に頼り、問題解決を「選択と集中」で乗り切りたいと願うのだろう。増田レポートへの国民の期待感もそういうふうに読めるわけだ。ここにも一つの選択がある。もはや自治を諦め、国に頼るのか、それともあくまで自治を再建するのか。

だがここまで議論を進めてみると、増田レポートにはさらに重要な論点のすり替えがあるのではないかという疑いが浮かび上がってくる。そもそも目指すべきものが、「選択と集中」論と、「多様性の共生」論や「自治と共同」論とでは違うのではないか。その議論の分かれ目はもしかすると、選択肢の違いというレベルのものではなく、もっと根源的なところにあるのではないか。

これまで見てきたように、増田レポートの内容はどうもこう読める。ともかく成長だ。国の戦略から外れたものはいらない。その選択は国がするものであってあなたが選択することではない。自治も参加も共同もいらぬ。国家の存続にとって必要な外貨獲得に資する限りで、その地域は自立できると認められるだろう――「地域の問題は、地域で決める」といいながら、どうもそれは口先だけなのだ。そしてそれはおそらく次のような論理的欠陥をこのレポートが内在しているからだと思われる。

このレポートの議論の入り口は人口減少問題だった。そして人口減少が地方でこそ加速度的に展開し、このままでは自治体消滅、地方消滅が避けられなくなること、それゆえに早く手を打ってこの問題を解決する必要のあることが、議論の最初の出発点だった。すべてはそこから始まっていたはずだ。「もはや目を逸らせない」（三頁）と。だが、議論の出口はこうなっているのだ。問題解決はさらなる成長でもたらされる。経済成長さえすれば、人口減少も地方消滅問題も解消される。

要するに、ここには結局、人口減少や地方消滅問題にまともに答えようとする姿勢がないようなのだ。だから国家や経済の成長戦略についてはかなり詳しく具体的に述べられているのに対し、人口減少や地方消滅の問題解決への道筋については既存の政策を切り貼りするだけで、きちんとした対策が見当たらないのだろう。

†人口減少・地方消滅問題に本当に向き合うこと

いま、かなり粗っぽく、増田レポートの核心を浮き上がらせてみた。厳しい言い方だが、要するにこのレポートの考え方は次のようなものだ。国家と経済がしっかりしていさえすれば、人口減少も地方消滅もかまわない。いやさらにいえば、このレポートの関心は次のことにあるといってよいのかもしれない——人口減少しても、地方が消滅しても、それでもなお持続可能な国家や経済はいかにして可能なのか。

だからもしかすると、私たちがもっとも根底で行わなければならない選択は、人口減少・地方消滅というこの問題にしっかりと向き合い、適切に対処していこうとするのか、それとも増田レポートが（表向きはともかくとして、内実として）示すように、それを既成事実として受け止め、国家の存続を最優先して対応を考えるのか――どうもそういうことになりそうなのだ。そして「地方消滅はかまわない」という考えが、「選択と集中」の選択のうちにすでに含まれているとするなら、確かにそこでは自治も参加も共同も不要になるはずだ。それに対しこれとは別の道を選択するということは、次のような覚悟をもって人口減少・地方消滅という問題に取り組むことになるだろう。

国家や政府とは別に、国民自身が「自立」し、「多様性」を許し（包摂）、民主主義を尊重し（自治）、自ら参加し共同（協働）する。そしてこのことでもって、人口減少問題に取り組む。地方再生に取り組む。国や政府任せではなく、一人一人の国民が、自分自身の暮らしや生命、生きがいや矜持に関わる問題として、いまこの国が直面している困難について真剣に考え、向き合い、取り組んでいく――これは口でいうのはたやすいが、決して簡単なことではない。しかもそれを一生懸命やればやるほど、暮らしの余裕はますますなくなってしまいそうだ。

しかもそう覚悟したからといって、結局、住民・市民・国民の力だけでは、あるいはそこに行政職員や心ある専門家たちの努力を加えたぐらいでは、有意義な解決には結びつかないだろう。そこにはやはり、政府や政治家の深い理解や勇気ある決断、そしてその努力の汗が必要である。経済界や法曹界、学術領域にも覚悟が必要だ。すべてがいったんエゴを捨てて協力し、人口減少・地域消滅ショックに立ち向かわなければならない。事態はそういう意味で、増田レポートとは別の国民・国家の総力戦を必要としているといってよい。

ともかくも、議論を次々と掘り下げていけば、「「選択と集中」を選択しない」ということによって、まだまだ別の選択の道が私たちには残されていることが分かるだろう。いや話が逆かもしれない。「選択と集中」を選択するということは、これだけ様々な選択の可能性を押しつぶし、たった一つの道に閉ざしてしまっているということなのである。

†路線の変更を導くために

ここまで、増田レポートを題材にしながら、人口減少・地方消滅という事態に対し「もはやここまできたらこうするしかない」という「選択と集中」の道を思想的・論理的にかみ砕き、別の道もありうることを、いくつもの枝葉を重ねながら示してきた。そしてその枝葉は枝葉にとどまらず、「多様性の共生」という大きな幹につながり、「選択と集中」とは全く違う樹形図の系統につながるものであることも示した。そしてこれこそが、地方消滅・人口減少ショックに対し、問題を解決するための正しい道なのである。「選択と集中」は、この問題の解決に向けては、選択の一つでさえない。

では「多様性の共生」はいかなる形で実現しうるだろうか。そのためには、私たちの社会を組みたてている制度を見直すところまで選択のあり方を深める必要がある——そういう形で以下、さらに私たちの選択の具体的な内容を広げてみたい。というのも既存の制度が私たちの現状を規定し、それがこの問題を生み出し、かつその問題解決の障害にもなっている可能性があるからである。「選択と集中」のような考え方だけが、私たちの自治や自立の障害になっているのではない。むしろそれは、私たちが日頃当たり前と思っている物事のうちにも潜んでいるようだ。

第2章でも触れたように、私たちには「路線の変更」が必要である。だが、それはただ思考法を変えるということだけで到達できるものではない。思考法を変えたところで、具体的にどうするのかが示せなければ、実際に道を変えたことにはならないからだ。頭で考えているだけでは結局、私たちのかかっている罠からは抜け出せないだろう。

では、具体的に変えていくべき水準はどこにあるのだろうか。それはむろん、財の分配や予算を獲得するということではなく、また小手先の事業や制度の読み替えでもないはずだ。制度を変え、権限を変え、もしかすると政治のあり方さえ変えることかもしれない。

以下ではそれを、地方自治体のあり方に注目してさらに議論を深めてみる。地方自治体が住民・土地・財政で成り立っているとすると、地方再生・人口維持への問題解決スキームは、この新しい時代に合った新しい住民、新しい土地制度、新しい財政配分のあり方を求めるところに見えてきそうだ。

もっともここでは土地の問題まで論じる余裕はなく、財政問題についても筆者は全くの素人だ。だが住民問題については、社会学者にもいえることはあるし、またすでに様々な新しい動きも見えている。かつそれが今回の増田レポート批判の旗印の一つ、「ふるさと回帰」や「田園回帰」にも深く関わっている。第5章以下ではこの「住民とは誰か」に焦点をあてて、「選択と集中」に対抗する地域再生論を、さらに具体的に構成してみたい。

第５章

「ふるさと回帰」は再生の切り札になるか

各地で若い人々のＩターンが始まっている。写真は山梨県のパンフレット。

1　人口減少への自治体対応を振り返る

†「選択と集中」か、「ふるさと回帰」か

第1章からここまで、人口減少問題とはいかなるものか、出生をめぐる問いから出発し、「選択と集中」の論理に「多様なものの共生」という新たな軸を対置する形で、その対応のあり方についても検討を加えてきた。

もっとも人口減少問題への具体的な対策としては、人のみならず土地や交通など多方面にわたる措置も必要である。また人についても、出生のみならず、外から人を呼び込んで社会増を図ること、人口転入を増やすことも重要な施策と考えられ、これまでも様々な対応が政府・自治体レベルで試みられてきた。

ここでは人口の社会増について、とくに地方へのUJIターンといった人口移動に関わる問題や自治体の対応に関して取り上げていくことにしたい。というのも、今回の増田レポートに対する反証として、「ふるさと回帰」や「田園回帰」現象の存在が強く主張されているからで

ある。近年、東京一極集中などとは全く逆に、地方や農山漁村への回帰の動きが目立って増えてきた。こうした回帰が、「選択と集中」とは全く違う地方再生の姿を現実に現しつつあるというのである。

ふるさと回帰は果たして地方再生の切り札になるのだろうか。あるいは、切り札になるとすればどういう場合なのか。第5章、第6章では、この点について検討を加え、そこからさらに具体的にどんな対策が「選択と集中」型の対応に替わって構想しうるのかを検証していきたい。

まずは、増田レポートを含む「選択と集中」論が、社会増減の面でいかなる論に展開しうるのか考えておこう。

「選択と集中」の論理に従えばおそらく次のようになる。全国の地域を、人口集中すべき地域とそれ以外とに区分する。そして人口集中すべき地域を選択したら、そこに資源を投入し、それ以外の地域からは資本投入を引き上げる。過度に人口減少している地域はできるかぎり早く解消し、撤退させ、それ以上のコストがかからないよう誘導する。こうした誘導によって、残るべき社会増地帯と消滅すべき社会減地帯とに分かれていくはずだ。

このように、地方を守るために始めたはずの議論が、「選択と集中」という論理を通過することで、「人口減少は避けられないので、つぶすべきところはつぶしましょう」という積極的な撤退論につながってしまうことに注意したい。この国を守るため、残す地域/残さない地域を選別しましょうという積極的な地域淘汰論になりうるのである。

もちろん、こうした路線は地域経営としては危うい。再三いうように、そんなに簡単に人々は上からの選択を受け入れないし、また逆に、選択されないことを恐れて住民が一気に離散し、本来まともに運営できていたはずの自治体までもが崩壊する危険があるからだ。

†地域淘汰論が持つ首都圏の人々にとっての意味

ところでこうした「選択と集中」の議論は、選択される側にいる首都圏の人々にとってはどのような意味合いを持つものだろうか。自治体対応の検討に先立って、この点を一度確認しておこう。「地域淘汰」論は、首都圏の人々にはしばしば他人事のように考えられている。だが、ここには二重の罠が潜んでいそうだ。

第一に、「選択と集中」による地域淘汰がすんなり進むならばよい。しかしそれが失敗した場合、いったい何が起きるだろうか。

それこそ「選択と集中」によって増田レポートのいう「極点社会」がより強く促進され、逃散した人々が東京を目指して駆け上がってくることになるはずだ。増田レポートは、「人口減少は地方の問題であり、東京は大丈夫ではないか?」という問いを立て、このように答えている。「地方の人口が消滅すれば、東京への人口流入がなくなり、いずれ東京も衰退する」(六頁）――増田レポートの持っている危機意識とはこの程度なのだ。筆者はそんなのどかな話ではないと確信する。地方消滅のプロセスが、東京抜きに進行することはありえないからだ。「人数が少なく、消える可能性があるところに財政を使うのはもったいない」。もしこの積極的な淘汰論が正式に始まれば、それはめぐりめぐって東京に暮らす人々にも直接跳ね返ってくはずだ。地方で使う財が地方のものでないのなら、同じように東京が持つ財も東京に暮らす人だけのものではないはずだ。地方にいることでそれを享受できないのなら、みな東京に移ればよい。地方だから選択されないというのなら、みな東京に組み込んでもらえばよい。事実、東京都もまた山村や離島をいくつも抱えているではないか。中途半端に地方都市に頼る必要などない。こうして、人口ダム政策は容易にダムの決壊につながり、地方から中央への依存の波が押し寄せて収拾がつかなくなるだろう。

そして第二に、「選択と集中」が進められれば、もはや各地域の主体性は認められず、国の政策によって日本中の人口配置は勝手に決められることになる。社会の生き死にを決めるのは国民ではない。地域の存続を決めるのは国家だ。国家が必要と考えた地域のみが生き残ることができる。もし、このような危険な思考法が承認されてしまったら、それはおそらく地域の選択にとどまらず、残すべき産業、残すべき企業、残すべき国民の選択へと容易に移行していくだろう。

すでにそのような排除の兆候とも見える議論が、TPPや業界再編などをめぐって、この数年いくつも展開されてはこなかったか。自分は関係ないと思い、見過ごしていると、排除の決定は次第に自分にも迫ってくることになる。「排除という選択」が始まれば、誰もそこから逃れることはできない。これが前の戦争のときにも起きていたことだという点にも、十分注意しておこう。

†自治体間人口獲得ゲームが導くもの

では、人口減少対策は、自治体レベルではどのように行われているのか。地方自治体がとりうる方策には大きく分けて、①少子化抑制戦略、②人口減少適応戦略、③定住人口獲得戦略の三つがあるとされている（牧瀬稔・中西規之編著『人口減少時代における地域政策のヒント』二三四頁）。

①少子化抑制戦略は、第1章で見た子育て支援などを含む自然減対策であり、②人口減少適応戦略は、人口減少という現実に対して地域の最適化を図ろうとするものである。これに対し、③定住人口獲得戦略は、他所から人口を積極的に獲得しようとするもので、要するに社会増対策といえる。このうち①少子化抑制戦略についてはすでに検討したので、ここでは残り二つについて見てみよう。まずは先に③定住人口獲得戦略を取り上げよう。

定住人口獲得戦略は、地域の人口を維持するために、他の自治体の住民にこちらに移って来ませんかと呼び込みをかけるものである。「Iターン歓迎、空き家斡旋します」とか、「子どもの医療費無料」とか、あるいはストレートに「引っ越してくれれば○○万円」などというものもある。いずれも他の自治体からの転入にインセンティブを与えて、自分の自治体の住民になるよう引き込むもので、現在では多くの自治体が採用している。

だがここには危うい罠が潜んでいる。少数の自治体でやっているぶんにはよいのだが、多くの自治体が参加するようになると、いわば「自治体間人口獲得ゲーム」の様相を呈し、次のような思考回路が働き始めるからだ。「わが地域は生き残りたい。そのためにこれだけの努力をしている。みなさんわが地域に来て下さい。他の地域は選ばないで下さい。生き残るのはわが地域です。わが地域を選んだほうがお得です」。これは論理的には「選択と集中」論に追随し、その路線を自治体側から後押しするものといえそうだ。

この本が、増田レポート批判だけを目的にしたものではないというのは、こういうところにある。増田レポートは特定の政策提言集団の意見表明であり、それはどう見ても首都圏ないしは中心側から見た地方論である。だが、実はこうして当の地方の側にも同じような論理が内在し、すでに具体的な政策として展開してもいるわけだ。しかもそれが無意識のうちに進展していて、筆者でさえこの戦略の持つ問題性にはこれまで気づかずにいた。

「こちらはよい自治体です。たくさん来て下さい」という人口増対策は、まじめな自治体ほど早くから取り組んできたはずである。そして、増田レポートが政府側の視点によるものであるのに対し、こうした政策は自治体主導であり、住民目線のはずである（このことが持つ意味はこの章の最後にも論ずる）。にもかかわらず、それがなぜ増田レポートと共鳴するのかといえば、自治体間人口獲得ゲームもまた、「選択と集中」論と同様に、その存続をめぐって「選択される自治体」と「選択されない自治体」の分裂に帰結するからにほかならない。

こうした政策の中で行われている具体的な提案を見れば、それがこれから何を生み出しうるのかは想像できるはずだ。「うちの自治体を選んで下さい」という条件を示すためにしばしば行われるのが、先に見たような移住による特典の提供である。最初のうちは問題ない。しかしこれを多くの地域が行い、インセンティブがエスカレートしてしまえば、もはや人口は確保しても何のために来てもらったのか分からなくなるに違いない。しかも自治体は住民を選べない。引き寄せた住民が、すべて自治体にとって望ましいものであるとは限らないのである。

事態が展開すればおそらくこうなる。「あなたの自治体は移動したら何がもらえるの？」「私にどんな得になるの？」このままこのゲームが進めば、その行き着くところは、きわどい地域間格差社会の到来になるはずだ。税は高いが安全で豊かな都市が提案される一方で、税は安いが貧困層が集まり、住民サービスの質も低い自治体が現れよう。このゲームの中では、人々はもはや、必ずしも積極的に都市に向かったり上京したりするのではない。今後は、一方で「仕方なく」「食べるために」「行き場がなく」集まった人々がつくる極点社会があり、他方でそこから逃れる力のある人だけが集まって外からの侵入を防御するゲーテッドコミュニティや富裕層自治体が局在することになろう。極点社会を回避しようとするその志向性の中に、極点社会を呼び寄せる罠が潜んでいる。それどころかそれは、国民を／地域を勝利者と敗退者の二つに分断する二極社会でもある。世界の趨勢もそうなっている。日本もまた、そのような社会を目指すのだろうか。

†人口減少適応戦略と「すべて残す」

これに対して、もっとオーソドックスな人口減少対策として、人口減少適応戦略がある。この内向きの対策には、危ない要素はとりあえずは見当たらない。

人口減少適応戦略とは、目の前に生じている人口減少・少子高齢化に地域で工夫し、乗り切っていきましょうというものだ。例えば、バス路線を減らしてデマンド交通に変える。あるいはスクールバスや学童保育を充実させるなどして、学校の統廃合はしても最低限は守る体制を確立する。こういった人口減少社会対応のインフラ再構築を試みる戦略である。

そして現在の国の過疎対策の考え方も、こうした各自治体の適応を手助けし、支援していこうというものであり、「選択と集中」などの考えはなく、「なくなってよい地域などない。残るというところはすべて残す」で政策は貫かれている。増田レポートが政府の政策にインパクトを与えたかのように論じられているが、筆者が見る限り、その基本姿勢に変化はなく、現在でも浮き足立った動きは現れていない。

だが人口減少適応戦略も、「なくなってよい地域などない」も、これらの戦略が活きるのは、住民たちが誇りと自信と安心感を持って、自律的に社会の持続可能性を保っていることが前提である。ところがそれがいま、危うい段階に入りつつあるといわねばならない。

そこへさらに増田レポートが「地方消滅」「集落消滅」を既定路線として、地域の「選択と集中」を行うことまで提案してしまった。そこでただ「すべて残す」とスローガンを唱えても、もっと明確に積極的で具体的な戦略を示さなければ、地域が自壊していくのを黙って眺めるだけのものになりかねない。

政府の政策と増田レポートの接近を危惧する声も、こうしたところから現れてくるのかもしれない。増田レポートと安倍政権の地域政策を一体視する論調が識者の間にはあるが、筆者にはどう考えても政府が増田レポートをそのまま採用するとは思えない。が、政府のほうから増田レポートに対する明確な反論が出ているわけでもなく、また使用している言葉や論理には共通したものがきわめて多いのも事実だ。だが、少しでも歩み寄れば、容赦なくその論理に政府の政策も食い込んでいくような侵略的な力を、このレポートは備えている。増田レポートはそういう意味で大きな一手を、私たちにも、政府にも、自治体にも投じているといわねばならない。

政府は積極的に人口減少・地方衰退の悪循環を断ち切り、地方が自立し、人口維持へと向かう正循環に流れを押し戻せるような具体的な方法をはっきりと示す必要がある。

だが、この悪循環は果たしてどのような形で断ち切れるのだろうか。この悪循環は長い間の我が国の経済成長過程とも深く結びついていて、これを転換するのは容易ではない。では、どうすれば正循環（さらにはその先の好循環）は生まれるのか。

本章冒頭に指摘したように、増田レポートへの反論の中では、こうした正循環への転換を現実に予兆するものとして、「人口回帰」現象が持ち出されることが多い。そして実際に、私たちは色々なところで、「ふるさと回帰」「田園回帰」の言葉を聞くようにもなってきた。ここでこの新しい動きとしての「ふるさと回帰」や「田園回帰」について確かめてみることにしたい。

2　様々なふるさと回帰

†ふるさと回帰への注目——若者Ｉターンに見るもの

例えば、増田レポートへの反論で先頭に立っている小田切徳美《とくみ》氏（明治大学教授）による異議申し立てが、まさにこの「ふるさと回帰」「田園回帰」に主眼をおいた議論となっている。小田切氏はいう。

「増田レポートにより、「消滅可能性」「消滅する」と名指しされた地域の一部では、若者を中心とした田園回帰、そしてその受け皿ともなる「地域づくり」が進展している。「市町村消滅論」やそれに基づく「農村たたみ論」はそのような事実を無視するなかで生まれたものである。レポートの作成者は、市町村消滅は「不都合な真実」であり、国民はそれから目を背けているという。だが、真実はこのような姿にもある」（「「農村たたみ」に抗する田園回帰」『世界』二〇一四年九月号、二〇〇頁）。

小田切氏が論拠としているのは中国地方、中でも島根県の事情である。島根県は過疎対策のトップランナーで、帰農や移住にもすでに九〇年代から取り組み、実績をあげてきた。しかもそれが、ここにきてさらに大きな成果につながっている実感があるようだ。「田園回帰」は、島根県中山間地域研究センター研究統括監でもある藤山浩氏（島根県立大学連携大学院教授）が、島根の実例を挙げてとくに力説する論点でもある。中でも、前回の二〇一〇年国勢調査以降に見られる人口回復の動きが見のがせないと指摘する（詳しくは前掲の小田切氏の論文を参照）。筆者が同席したフォーラムでも、「増田レポートは二〇一〇年までのデータでやっていて、その後の大事な動きを反映していない」と強い口調で批判していた。いままさに芽生え始めているこの大きな芽を、変なちょっかいを出されて踏みつぶされかねないことに、強い憤りを感じているようだ。

また最近この問題に関連して出された報道に、朝日新聞による「都道府県の移住促進策の実施状況と実績」調査（表1）がある（二〇一四年一〇月四日付）。地方への移住の数はまだ小さいが、全国各地でいま着実に目立ち始めている現象だ。この調査によれば、二〇一三年度の都道府県外からの移住者総数は六二九〇人で、二〇〇八年度の三・七倍となっており、また二〇〇八年度から一三年度の六年間の総計で二万一九五一人が集計されている。

こうした地方への移住には様々な人々が含まれていると思われるが、その典型的なケースが、島根県が実施してきたような、農林業の研修制度を利用して農村・山村に就職・移住するものであり、その多くの事例が子どもを生み育てていることを伝えている。またこの数年では、若い子育て夫婦が東日本大震災・原発事故を機に大都市圏から地方へと移住したケースも目立つようだ。

もっともこうした、ふるさと回帰、田園回帰を紹介する事例が、多くの場合公的サポート（とくに県・国）と関わるものであることには注意が必要だ。すべてが全く自然な動きともいいがたいのである。

とくに近年の国の過疎対策では、かつてハード偏重だったものをソフト対策に移しており、なにより二〇〇九年から始まった地域おこし協力隊事業が、いわゆる若者たちの田園回帰がテレビ・新聞・書籍等で紹介される際の典型的な事例となっている。この場合、いま見た子育て夫婦よりもさらに若い独身男女ということになるが、すでに事業は五年目に入り、二〇一三年度は九七八名（三一八自治体）の隊員が全国各地の農山村で活動を行い、過疎集落支援をはじめ、特産品の生産販売、エコツアーや地域イベントの開催、地域情報の発信など、多彩な活動を行っている。過疎対策の中では近年の優良事業である。

とはいえ実際の回帰を示す現実に、こうした公的事業を使ったものが多く含まれているとすると、それはきわめて人工的なものであって自然な傾向だとはいいがたいのではないか――少なくともそういう批判は成り立つだろう。表1にもそうした事業が挙げられており、近年の田園回帰には県や市町村の積極的な介入は明白である。

　ふるさと回帰は再生の切り札になるか。なるとすればどういう場合においてなのか。だが、その検証の前に、まず次の点に注意したい。私たちが回帰論に注目しなければならないのは、こうした現象が近年見られるようになったからということにとどまるものではない。論理的に

都道府県	相談窓口	相談会・セミナー	体験ツアー	移住者数（13年度）
北海道	–	○	–	–
青森	○	△	△	–
岩手	◎	○	△	170
宮城	○	–	–	–
秋田	○	○	△	33
山形	○	△	–	–
福島	○	○	–	△24
茨城	–	△	○	4
栃木	○	△	○	17
群馬	○	○	○	–
埼玉	–	–	–	–
千葉	–	○	–	–
東京	–	–	–	–
神奈川	–	–	–	–
新潟	○	○	△	–
富山	○	○	○	359
石川	○	○	△	235
福井	◎	○	–	339
山梨	○	○	○	52
長野	◎	○	○	510
岐阜	–	○	○	596
静岡	–	○	–	54
愛知	–	○	○	34
三重	–	○	○	–
滋賀	–	○	–	–
京都	□	○	○	24
大阪	–	–	–	–
兵庫	–	○	–	–
奈良	–	○	○	–
和歌山	◎	○	–	116
鳥取	◎	○	○	962
島根	◎	○	○	575
岡山	◎	○	○	714
広島	○	○	–	△142
山口	◎	○	△	–
徳島	◎	○	○	80
香川	◎	○	○	285
愛媛	◎	○	△	64
高知	○	○	○	468
福岡	–	–	△	–
佐賀	–	○	–	15
長崎	○	○	–	118
熊本	○	○	–	–
大分	◎	○	–	–
宮崎	◎	○	○	△63
鹿児島	◎	○	–	466
沖縄	–	–	–	–

表1　都道府県の移住者促進策の実施状況と実績（朝日新聞2014年10月4日付「過疎の町ようこそ若者」）

「相談窓口」＝東京・大阪に設けていれば◎、東京のみは○、大阪のみは□。

「相談会・セミナー」「体験ツアー」＝いずれも2013年度に実施していれば○、それ以外で08〜12年度の実施があれば△、未実施は－。

「移住者数」＝自治体が集計した人数で、△は世帯数、未集計は－。

注）朝日新聞が47都道府県を対象に2013年度の移住者などについて2014年7～8月にアンケートしたもの。集計方法は各都道府県により、未集計も含む。

次のことが重要だからだ。

†回帰は検証される必要がある

増田レポートの人口ダム論には、回帰をとらえる視角がない。これは重大な論理的欠陥なのである。地方から首都圏や大都市圏に流出した人口が、すべてそのまま帰ることのないものとして扱われている。しかし実際には、人々がいつまでも中央にしがみついたままでいるのかどうかは疑問だ。

増田レポートではどうも、若者を、都市に憧れ、都市の魅力に惹かれて集まる存在としてのみ考えているようだ。九〇年代までなら、確かにそう見てもあながち間違いではなかった。だが、そうした人間像を今後も前提にしてよいのかは疑う余地があろう。そしてその前提によって、今後のとるべき方策もまるっきり変わってくるはずだ。増田レポートは、若者をこういうものだと決めつけている。回帰論はその決めつけをやめ、現実を冷静に見てみましょうという提案なのである。

そしてそもそも、いま起きている事態は、地方から中央へと人々が過剰に流出したことが原因なのだから、中央から地方に人々が戻ることが一番適切な問題解決への道になるはずだ。正循環の実現を正確にとらえるためにも、回帰現象は検証されなければならない。それが少しでも可能性があるのならば、それはしっかりと汲み取らねばならない。ましてその回帰が平成世代という、これからを担う人々の志向性と共鳴している可能性があるとすればなおさらである。多くの地域研究者――とくに長らく過疎研究を続けてきた人々――の、ここにきてのこの回帰論への注目と主張には、十分に傾聴すべきものがあると考えねばならない。フィールドでの感触がいま大きく変わりつつあるのである。

もっともそこには多様なものも混在している。正循環の正体を見誤らないためにも、この回帰という現象について、ここでより細かく検討していこう。

なお筆者の場合は研究フィールドを東北におき（とくに青森県）、いわゆる過疎論・回帰論の主流が中国四国地方にあることから、データ的に乏しく、かつその理解も偏っていることには留意されたい。ただしそうした印象論でも、いま起きている現象を整理するには十分だろうし、またより詳しい実態は、近年増えている様々なレポートで十分に補えるはずだ。

†団塊世代のふるさと回帰

ふるさと回帰には、若者の田舎暮らし志望のようなケースのみならず、もっと別の大きな潮流も並行して動いている。とくに目立つのが団塊世代のふるさと回帰である。もっとも、団塊世代の動向についても、私たちは冷静に仕分けていかねばならない。なにしろ数が多く、全体を掌握しがたい人たちなのである。

ここではまず二〇一四年六月に、筆者が「ふるさと回帰支援センター」を訪れたときの印象に触れてみたい。ふるさと回帰支援センターは、東京は有楽町駅すぐの東京交通会館六階にあり、関心のある人なら誰でも気軽に立ち寄れるオープンスペースとなっている。認定NPO法人・ふるさと回帰支援センターによって運営され、現在、そこに秋田県、福島県、茨城県(北部)、山梨県、長野県、富山県、福井県、岡山県、和歌山県、鳥取県、島根県、高知県、山口県、宮崎県など、各県のブースがずらっと並んでいる。また長野県からは駒ヶ根市や飯山市も出店している(二〇一四年九月ホームページより)。

かくいう私は、青森県の事業のお手伝いもあって、十数年来の協力者でもある県職員の神直《じんなお》文《ふみ》氏とともに、初めてその暖簾《のれん》をくぐってみた。二〇一四年度から青森県もここにブースを置いており、その視察である。

まず一目見て驚いたのは、山梨県のブースである。他県はせいぜい一人ずつの常駐を置くにとどまるが、山梨県のみ数名の職員を配置し、お客さんも平日のこの日でさえ数名の相談が行われていた。山梨の繁盛ぶりがはっきりと分かるのである。また長野県では市単位でもブースを置き、やはり首都圏から近い場所に人気がありそうだ。事実、この二県が移住人気の一位二位を争っているのだという。

なぜ山梨県なのか。それは、ここを訪れる人たちの年齢や志望動機を聞けば理解できそうだ。こうしたルートを通して山梨を志望する人々には、先に見た若者たちとはまた違うタイプの田園回帰があるようだ。

その代表が団塊世代。それも仕事を退職し、子育ても終わって、第二の人生を首都圏や大都市圏から離れて田舎で暮らしたいとするケースが多いようだ。団塊の世代が家を構え、子育てをした郊外住宅地が、都心から西へ中央本線沿いにも広く展開されている。その郊外から中央本線一本で一時間程度で山梨県に入ることができる。山梨はいわば、鉄路一本（ないしは高速道一本）でつながる東京から近い田舎、近い地方なのである。おそらくは元の家や敷地を次世代にゆずり、自分たちは都会を離れてのんびり暮らそうという意図なのだろう。またそれだけの財力を蓄えた世代なのだということもできる。

西日本では岡山県が人気だというが、ここにも同様の事情が見て取れそうだ。またこうした人々の動きの中に、東京電力福島第一原発事故の影響を見る人もいる。実際、おそらく原発事故さえなければ、千葉・栃木・群馬はもっと人気のある土地だったのだろうし、そもそも福島県自身がIターン呼び込みの優等生になっていたはずだ。むろんこのあたりもまだまだこれから伸びる場所なのかもしれない。また岡山への原発避難者の動きを追っている後藤範章氏（日本大学教授）によれば、岡山県は原発避難者支援にも積極的であり、それはこのふるさと回帰の流れとも深く結びついているようだという。そもそも岡山県は、一九九五年阪神淡路大震災のときから広域避難の受け皿としての実績をしっかりとつくってきたところでもあった。各地で積み上げてきた長年の努力が、いまこうした形で華開いているのかもしれない。

†各地で見かける団塊Uターン層

だが団塊世代については数が多いので、これだけに注目していては不十分だ。

筆者のように東北を歩いている者にとっては、こうしたIターンよりももっと目につくのがUターンである。それもとくに団塊世代が退職する年齢になって以降、どの地域にも必ずそうした人々が見られるようになってきた。

筆者は『限界集落の真実』に、二〇〇七年から二〇〇八年にかけて全国各地の限界集落をまわったときのことを記述した。その際に訪れたところにも、つねにUターン者がいた。団塊世代の前からUターンはあるのだが、団塊の世代は数が多いのでとくに目立つ。またその回帰にも色んなパターンがあり、親の面倒を見るため、介護が理由だという人もあれば、都心に勤めたが通勤がどうしても嫌で戻ってきた、さらには「山が好きでたまらない」という人もいた。

注意すべきは、こうした動きが、自治体などが行うふるさと回帰事業などと関係なく生じていることであり、また本人自身がUターンと自覚していないケースも多いということだ。もっとも近年は「集落支援員」（総務省、二〇一三年度は七四一人）という制度も入り、過疎集落などでは、この制度を活用することでUターン者の活躍が目に見える形でも現れるようになった。元気な過疎農山村の集会所に行くと、こうした層の顔ぶれに出会うことが多い。これに対して、地方都市のUターン者は、こうした制度にも引っかからずに、それゆえふるさと回帰とも思われずに進められていることが多そうだ。そしてまただからこそ、いったん戻りながらも結局は再び大都市に引き返したり、落ち着かずに出たり入ったりしている例も多いようだ。

それゆえ「そういうケースはどのくらいあるのか」と聞かれても答えるのは非常に難しい。そのほとんどがカウントされていないからだ。もっともそれは厳密には実はIターンも同じで、先ほど見た山梨県も、都道府県で把握している移住者数は他県に比べて決して多いものではない。表1を振り返ってもらえば、山梨県の数値は五二人とむしろ小さい。ただしこれは先のふるさと回帰支援センターに設置した「やまなし暮らし支援センター」での紹介者の移住実績をカウントしたもので（山梨日日新聞二〇一四年五月一日付）、他の数値とは比較できないようだ。そもそも移住者数のカウントも統計の取り方次第で変わり、表1に見られる移住者の数はまだまだ各県の取り組みの熱心さの関数でしかなさそうだ。まして政策に関わらないUターンの動きについては、量的な実態把握はきわめて困難だろう。

だがそうはいっても、誰でも周りを見渡せば、Uターン・Iターンで何かをしようとしている人が目に見えてあらわれてきてはいないだろうか。そこには地域差もあるようだ。各地で出ていった事情も違えば、出て行った時期、行き先、人数などにも差がある。そしてだからこそ、戻るための障害も多く、タイミングや戻り先の問題もあるはずで、みなが希望を実現しているわけではない。人々はともかく、行きつ戻りつしながら、どうにかうまく調整しようと四苦八苦しているようだ。

筆者が関わる青森県などは出身者の回帰志向が強く、その反面で首都圏から遠く地の利が悪いのでIターンの制約が大きいのだから、ともかくUターンに専心したほうがよい地域になる。またUターンについても、出身の町村まで戻らずとも近くの都市に戻るJターンもあり、制約があってUターンもJターンも果たせぬ人々の中で、出身地とは縁もゆかりもない場所へのIターンが希望されているようだ。そしてこれらも各地域でその出入りの条件や実態が異なっているのである。

†平成世代の地元志向

こうした団塊世代とともに、回帰をめぐってもう一つ目立つ世代が平成世代である。増田レポートなどが前提としている、大都市に憧れる若者という姿は、この平成世代にはもはや当てはまらないように筆者には感じられる。

むろん若い人間に都会志向がないということはない。しかし、筆者も教育現場にいるから分かるが、とくに地方の現場感覚では二〇〇〇年代あたりからすでに、「地方には魅力がないから、都会へ出て行く」とか、「仕方なく地元に残ったが、本当は東京に出たかった」という話は影を潜めるようになっていた。むしろ、地方に残っている若者たちは「自分の生まれた地域が好きだから」そこにいるのであり、また「本当は残りたい」にもかかわらず、「仕事がないのでやむなく東京に出る」というケースが明確に増えていった。また東京に出るのも「大都会に憧れて」というよりは、自己のキャリア形成の方便として考える者が増え、はじめから地元に戻ることを前提とした上京も見られるようになってきた。

そしておそらくまず第一に、地方の若者だけでなく、大都市圏の若者にも田園回帰の傾向性が生じつつあり、そして第二に、平成世代以前、おそらく一九八〇年代生まれあたりには地方回帰の予兆が現れ始めていたことからしても、若い人々のふるさと回帰・田園回帰は、急に現れたブームというよりは、長期的な全体の傾向として理解すべきもののようだ。先に述べた小田切氏や藤山氏が実感として持っている田園回帰もおそらく、二〇〇〇年代に二〇歳代だった人々が、地方の回帰政策が進めた研修事業で研鑽を積み、一定の層として二〇〇〇年代後半にIターンを果たして自らの家族形成を実現し始め（結婚・出産）、その範に同年代やその前後の世代が連なり始めている——そういう印象なのではないかと思う。

もっとも筆者のように東北地方、それも青森県をフィールドとしている者には、このIターンの増加という実感はあまりない。しかし両氏の感覚から筆者がまったくずれているかというとそうではなく、むしろ共通するところが多いと感じるのは、都会の若者のIターン志向と、今指摘した同世代の地方の若者の地元志向が、共通の基盤を持っているという感触があるからだ。

積極的に地方に残ろうとし、また残っている若い地付層《じつきそう》（地元出身者）がいる。不安定な就労を転々としても、残るほうを選んでいるケースもあり、とくに平成世代の若い層で、積極的に地元定着を求める志向の強い人々がいるのは間違いのない事実だ。そしてそれゆえに、いったん進学で首都圏に出ながらも、就業時には地元に戻ろうとしたり、あるいは都会で暮らしながらも、地元と積極的につながろうとしたりする。若い世代のこうした志向性を教育に関わる者としてはそのまま歓迎はできない。若い人々にはもっと色々なところに出て自分を磨いてほしいという気持ちもあるからだ。それはともかく、これはどうも昭和世代には見られなかった何かが動き始めているというべきではないだろうか。

†東京青森ゼミナールの風景から

このことと関わって、筆者も参加した青森県の事業の一コマを紹介したい。先ほどふるさと回帰支援センターに紹介してくれた県職員・神直文氏が仕掛けている事業だ。

二〇一四年七月六日、「青森ゼミナール〜アイツ、青森で就職するってよぉ‼」が東京交通会館で開催された。有楽町にあるビルの広いフロアに青森県出身の若者を含めた三〇名ほどの人々が集まり、三沢市にUターンし「ごぼう茶」で起業した株式会社グロースの須藤勝利社長が、同世代の人々に自らの体験を語ったのち、参加者間で回帰をめぐる様々な情報交換が行われた。

青森ゼミナールはすでに三回目。下北沢、銀座で開催され、さらに続編が予定されている。二〇一四年二月には春休みスペシャルとして三村申吾知事が参加した回もあり、知事自らがその体験や思いを語り、大いに盛り上がった（第6章扉写真）。またこの事業を支える団体「クリエイト」は青森県から東京に大学進学してきた若者らが運営する学生団体で、会員は高校生時代から青森県内で活躍してきた強者《つわもの》たちである。

このゼミや、同事業の一環で行われている東京での青森県主催の事業には毎回出てくる常連もいて、故郷や同郷者とのつながりを考えようとする、東京の若い青森県人の熱心な姿が見られた。これらはイベントであり、ここからどのような効果が現れるのかは未知数だが、社会学者としては、ここにある重要な傾向をしっかり読み取るべきだと感じる。

すなわち、昭和末から平成にかけて生まれた世代に、とくに素直に表現されるようになってきた地方肯定志向。自分の出自とのつながりを切らずにいよう、つながっていようとする紐帯感覚。大都市生活に適応を試みながらも、どこかで大都市の価値を相対化し始めた地方出身者の姿。

かつては、地方の若者は田舎が嫌でたまらず出ていった。もちろん、いまでもそういう人はいる。だが若い世代の都鄙《とひ》感覚は大きく転換しつつあるようだ。いまは地方から中央へのプッシュ（押し出す力）・プル（引き寄せる力）よりも、地方に人々を引きとどめるホールド（囲い込み力）のほうが目立ち始めている。

若い世代ほど地元志向が強いという傾向については、少子化が進んで同世代が少なくなっており、そのぶん地方にいて確保できる権利は増えていくわけだから、利得の大きさという点からも説明はつく。また、いわゆる総合学習等の導入で、地域に関わる教育を熱心に行った効果もあると思われ、九〇年代後半以降のこの社会全体が進めてきた価値転換を、世代交代が少しタイミングをズラしながら体現し始めていると説明することもできそうだ。それは、環境問題に対する感覚や、社会参加や共同に対する志向性においても同じことがいえるだろう。

そして先述のようにこの傾向はいま急に始まったのではなく、すでに一九八〇年代生まれあたりから出現しつつあったものだ。それがいまの「ふるさと回帰」「田園回帰」の先端を形成している三〇歳前後の層だ。「若い人は都会がいいはずだ」「田舎は嫌いなはずだ」という先入観を捨てなければ、こうした重要な傾向を見落とし、勝手な思い込みによる判断で人々を誤った方向へと導くことになるだろう。

こうして二〇一〇年代の若者たちは、これまでであれば都会に出ていたはずの有能な人々まで積極的に地元に留まろうとし、あるいはふるさとに戻ろうとしている。「地方に仕事さえあれば人口環流は起きる」というのは確かにそうなのだ。他方で、だからこそ地方に残るためにも、大都市で仕事を学んだほうがよいし、実際にそのためにわざわざいったん地方を離れる人もいる。だがこうした人々が求める地方への定着は、「選択と集中」による地方中核都市でつくる雇用創出型人口ダムとはかなり違うイメージだ。

こうして、いま地方では、Ｉターンの若者のような外からの流入層がいる一方で、地元出身の若者の中にも積極的な定着志向が現れており、ふるさと回帰・田園回帰・地方回帰は、この世代全体に共通する傾向なのである。そしてこうした地元出身の若い層の動向もまたカウントされずに、政策の対象からも外れてそこに自然に存在する。

†回帰の複数の経路

こうして見ると、ふるさと回帰・田園回帰には、隠れた地層が複数存在していることになる。そしてその地層はとくに、団塊世代の地付・Ｕターン・Ｉターン層と、昭和末生まれから平成世代の地付・Uターン・Iターン層の、この二つの世代の動きに代表され、これらが基盤となってこれからの地方・中央関係を大きく変えていく可能性がありそうだ。実際、しばしばこの二つの世代のジジババ孫コンビが、各地の地域づくりを引っ張っている例が目立って増えてきた。

このうちとくに、団塊世代のUターン層が集落支援員として、昭和末生まれから平成世代のIターン層が地域おこし協力隊として制度化されて動いている。これは過疎対策事業の効果としても広く報告され、よく知られている。加えて、団塊世代やその下のIターン層が各地の定住人口促進戦略を通じて回帰し、これも一定数が数えられている。だがこれらは氷山の一角で、その水面下にはさらに若い世代の地元定着層や、またいったん出ながらも戻ろうとする多くの人々の出入りがうごめいているわけだ。

これらはむろん傾向性であって、具体化されていないものが多い。蛹《さなぎ》が眠っているようなものので、すべて羽化すれば目に見えるのだが、まだその時期は来ていない。しかもこうした傾向性は、世の趨勢に左右されるので、例えば今回の増田レポートのような考え方が政策に反映されてしまえば、それによって押しつぶされてしまうほどデリケートなものだ。しかしまた他方で、ふるさと回帰・田園回帰・地方回帰の傾向性は間違いなく存在し、それにあわせて政策展開を試みていくことで、地方消滅を解消する道があることも確かだろう。

地方中核都市の形成だけが、地方が生き残る道などでは決してない。むろんそういう形で「選択と集中」を行えば、人々の力はいまやあまりに弱いので、その通りに地方は崩れ、人々はやむなく中核都市に集まるだろう。しかしまた、「多様性の共生」を掲げて、分散・居住を奨励する方策をとれば、それはそれでその通りに実現しそうだ。私たちの傾向はそうなってきているのだし、田園回帰はもはや絵空事でもない。これは九〇年代ならばそうはいえなかっただろうし、二〇〇〇年代の少なくともその後半にやっておけば、確実に成功していたものかもしれない。だが二〇一〇年代後半でもまだまだ十分に可能性のある道であり、「選択と集中」でその道をつぶしてよいのかどうかは、やはり大きな選択になる。

だがなぜそんな回帰の傾向が二〇〇〇年代に入って現れ始めたのだろうか。確かにベクトルは、「俺らこんな村いやだ」（吉幾三「俺ら東京さ行ぐだ」一九八四年）から、全く別のものへと変わってきている（そして吉幾三自身が回帰の先駆けでもある）。とはいえまた、多数のものが一緒くたになってしまって、私たちの思考が混乱している嫌いもある。いま見たように、回帰の流れにはいくつかの経路がある。ここでそれを系統立てて整理してみよう。

3　UJIターン論をめぐって

†Uターン・Jターンと第二次ベビーブーム

回帰とはふつうUターンのことであり、またJターンというものもある。

Uターンは、一九七〇年代、いったん学業や仕事のために地方から都会に出てきた若者たち――当時の団塊世代（第一次ベビーブーム）やその少し前の人々――が、就職したり、家業を継いだり、あるいは結婚するにあたって、もといた場所（ないしはその地域の中心都市）へと戻っていくことを指して使われた言葉である。当時の都会は、東日本であれば東京であり、その西側では名古屋・関西から北九州までを含む太平洋ベルト地帯であった。そして実際にこうした人々が地方に戻って結婚し、子どもを産み育て始めたことで、過疎にあえいでいた地方の各県も一九七〇年代後半には人口増に転換したのである。

Jターンはその間、Uターンの語に付随してできた言葉で、出身地に戻らずとも、地元近くの中核的な都市（とくに県庁所在都市）まで帰還の道を進めた場合を指す（もっともいま見たように、もともとのUターンも、必ずしも出身地へと完全に戻ることを指していたわけではないので、Jターンの意味はUターンにも含まれてはいたのだが）。そしてとくに低成長期からバブル経済期にかけて（一九七〇年代から八〇年代）は、地方の中核都市（とくに県庁所在都市）の中心性が高まり、産業も集積されたため、町村部の人口は減っても中核的な都市の人口は伸びていた。郊外住宅団地の形成も六〇年代に始まり、八〇年代後半のバブル期までに一気に拡大していく。

だからまず、「回帰」というものはいま急に始まったものではなく、以前からずっとあったものである。この事実を押さえておこう。人は周辺から中心にたえず流れるものであって、人口回帰など夢物語だなどと考える人もいるようだが、それどころか、いままさに生きている人々の目の前で起きてきたことであった。人が巣立った場所に戻ってくるのは、それほど奇異なことでもおかしなことでもなく、むしろ当たり前のことといわねばならない。そしてとくに七〇年代八〇年代の回帰は婚姻ともつながり、それがそのまま出生にも結びついていた。団塊ジュニア世代（第二次ベビーブーム）やそれに続く人口層はこうした回帰の動きの中で形成されたものである。

付け加えれば、団塊ジュニア世代には目立った回帰現象がいまだに見られず、またそれゆえに、その親世代が実現したような人口増効果（第三次ベビーブーム）もない。このことにも注意しておこう。「回帰」と「出生」はどこかで深く結びついたもののようだ。

もっとも、過疎地には団塊ジュニア世代の形成そのものがなかった場所も多いから（詳しくは拙著『限界集落の真実』を参照）、第三次ベビーブームがもはや起きようはずのないところもある。だが県レベルで見ればこの世代もまた日本各地で生まれ、その数は団塊世代に次いで圧倒的に多いのだから、本来、この層はさらに次の子どもたち、すなわち団塊グランチャ（孫世代を生み出してしかるべきものだったのだ。それが見られないということには何か理由があるに違いなく、それこそがいまの人口減少の原因でもあるはずだ。逆にいえばその路線を変えること――すなわちおそらく回帰を実現することが、人口対策になりうる可能性がある。

†Iターンに垣間見えるもう一つのナショナリズム

以上のUターン・Jターンに対し、Iターンはより新しい現象である。そもそもIは、「ターン」ではない。一説には一九八九年に、長野県が事業とともにつくった言葉で、「I」には「私（I）」と「愛」も含まれるという。

この語の現代的な意味をとらえなおすなら、大都市（とくに三大都市圏）から、地方出身者でもない者が地方や農山村へ移住することであり、そこに回帰の意味を込めてIターンと私たちは呼んでいるようだ。本人が都会生まれ、根っからの東京人であったとしても、この人が地方や農村に行くと「回帰（ターン）した」ということになる。おそらくここには、この現象を説明する意図以上に、東京を含む大都市圏はもともと新しいものであって、人間の出自は農山漁村にあり、社会の基層は村落や地方にあるのだという、この国の本質に関わるある種の「こうあるべき」「これが本筋だ」という私たちの考えが無意識のうちに反映されているのだろう。

それゆえここには、次のような論理が内在していることに注意したい。

第3章で述べたように、日本のネーション（国家・民族の本質、本義）を「大国経済」だと考えている人々がいる。そこから「選択と集中」論も展開され、増田レポートのような議論も成立してくるわけだが、いわばその対極に「ふるさと回帰」「田園回帰」論はあり、それは同じ日本のネーションを「ふるさと」や「田園」、「地方」さらには農山漁村に置いているわけだ。このことは日本が守るべきものとは何なのかについての、非常に重要な対置を示している。増田レポート vs. 田園回帰論はこうして、国家のあり方／国の本質を問う対立でもある。「集落を残すか」や「過疎対策は必要か」といったことはその枝葉にすぎない。

そしてそれはまたどうも、太平洋戦争中の二つのナショナリズムのせめぎ合い――すなわち軍事国家ニッポンを守ることなのか、それとも父母や弟妹、子どもたちの暮らすふるさとを守ることなのか――にも似ているのである。そして現実に、軍国主義を優先したために、日本の都市という都市が爆撃を受け、何百万人もの人々が死に、地域という地域がいったんすべて海の向こうの人間の手に落ちた。今日のこの、ナショナルなもの＝「日本」なるものに関わる選択にも、当時と同じくらいのレベルの重大性が潜んでいると筆者は見る。

もっとも、前の戦争の終結から七〇年が経過し、現在の戦いはその質も舞台も違う。またさらにはここでいう「ふるさと」の意味も大きく変わってしまった。かつては「ふるさと」は各人に自明だった。そこにはIターンのような考え方はなかった（もっとも武士の帰農はあり、全くないわけでもなかったが）。「ふるさと」はそれぞれに具体的で、抽象性や普遍性はなかった。それに対し、いまのIターンの「ふるさと」はしばしば抽象的であり、また現代語の「ふるさと」には普遍的な意味も備わっている。

「ふるさと」は多義的な語で、一様に解すことはできない。UターンとIターンでは、その意味は全く違う。だがにもかかわらず何かが共通し、根底でつながってもいる。こうしたことをどう解釈していけばよいのかということにもなるわけだ。

中でもとくにIターンは新しいものなので、そこに含まれている意味についてはしっかりと明るみに出し、十分に解きほぐしておく必要がある。すでにIターンにもいくつかの種類があることを示唆しておいた。ここではこれを世代順に、次の三種類に分けておきたい。

†三つのIターンと世代

Iターンにはまず第一に、団塊世代のIターンがある。これは老後を暮らす新たな郊外住宅

（あるいは別荘）探しに近いものがあることはすでに述べた。この場合受け入れの地域からすれば、入ってきても一時は人口増になるが、この先その家を継ぐものがなければ一代限りで終わってしまい、将来、住宅が老朽化して廃屋・廃墟になれば、地域にとっては大きな負担になりかねないものだ。とくに、新たなIターン団地を造成するようなことは、年齢層に注意しないと、未来の限界集落を生み出す危険性があるということにもなる。

第二に、三〇歳代から四〇歳代（団塊ジュニア世代を含む）の家族Iターンがある。この世代に特徴的なのは子育てという契機だ。子育てをどこでするかという目的があり、そのことから新しく地域を探す。子育てが目的なので、地域に溶け込むことにも熱心だ。

そして第三に、昭和末から平成生まれ世代に広がる若い二〇歳代から三〇歳代の独身者Iターンがある。大都市出身の若者が地方に移り住み、農業、林業、漁業などに就業先を求めるものであり、一九七〇年〜八〇年代のときのような有機農業や食の安全といった強い環境意識からではなく、田舎暮らし、農村暮らしに憧れてという比較的柔らかい動機で動いている者が多いようだ。

このうちいわゆる田園回帰は、第二のものを中心にその事例が示されることが多い（本章扉写真などで示されるイメージ）。しかしこれまで見てきたように、全体の傾向としては――さらにはとくにこの先しばらくの展開を考えれば――第一の団塊世代と、第三の昭和末から平成生まれ世代に私たちは注目しなければならない。問題はなぜこの二つの世代にIターン希望の厚い層が現れつつあるのかである。その理由をもう少し考えておこう。

要するにこの二層が、いまの日本で現実的にもっとも動きやすい――大きな変化に適応しやすい――層だからである。

団塊世代は仕事も子育ても終わり、しかも残りの人生にはまだ長い歳月が残されているので、そのもうひと人生をどこでどう過ごすかが問われているわけだ。

それに対し昭和末から平成生まれ世代も、別の意味で人生設計の足がかりを探している。これから進む人生の仕事・家族・居場所を、彼・彼女らも求めている。しかもこの人々はまだ若く、失うものがないから自由がきく。さらには行った先で伴侶を得て結婚する可能性もあり、実際に現場ではそういうケースもよく報告されている。こうしたことは女性に限らず、男性にも見られるようだ。ともかく、まだ何も決まっていないので、人生を賭して動ける層であり、この世代がいま地方ではもっとも期待されており、これが新しい「金の卵」(一九六〇年代の流行語で、地方からの中卒・高卒の就職希望者のこと)になるのかどうかが問われているわけだ。

そしてとくに平成世代でこうした人々が出てくるのは、この世代自身にとっての適応戦略なのかもしれない。そういう解釈が可能な気がするのである。

平成世代はもしかすると、都市派、農村派と自ら分かれていくことで、二〇年先、三〇年先の、バランスよい国土利用の実現を、人生行路が決まる前に自分たちで調整しようとしているのではないか。これまでの世代のように大都市中心型の就業コースをみなで歩いていては、いつかは世代全体が共倒れになる。彼・彼女らなりにその危険性を感覚的に察知して、いまのうちに分散しようということなのかもしれない。

だから、それを事業や制度で後押しすることには、やはり大きな意味があるはずだ。また平成世代は、期待される割にはか細く、守ってやらねば自立のできない層でもありそうだ。ついでに付言すれば、おそらくこうした若者の田園回帰支援は、大都市出身の若者だけでなく、地方や農山村出身の若者にも必要だろう。か弱いのは都市の子たちだけではない。が、ともかく人々は、無理をしながらも現実を調整し、未来を切り拓こうと画策しているのである。

†Uターンをめぐる難しさ

Iターンが、時代の転換期に新しい生き方を求めて現れてきた新しいタイプのものであるのに対して、Uターンは、何かを元へと、古い状態へと引き戻すものである。もっともIターンにも回帰は含まれており、やはり何かを戻そうという選択なのだから、本来の「ターン」はUターンであり、IターンよりもUターンこそが回帰のプロセスの中軸にならねばならないはずだ。

しかしながら、Iターンが世間に目立つのに対して、Uターンは地味だ。しかも多くの人がUターンを考え、そもそも一度も回帰を思わない人などいないはずなのに、それはなかなか大きな流れにならない。Uターンが広がらない理由は何か。筆者が色々と聞いてきた中から、Uターン（Jターンを含む）の制約になっていることを列挙してみよう。

まずUターンするにも家がない、帰る場所がないということがある。ふるさとがあるのに不思議なようだが、農山村だとたいていは家督を継いだ兄がいる。だから、もといた集落には帰れないということが生じるのである。また町場や都市部では宅地は流動するから、もともといたといっても、いまは人手に渡っていることも多い。しかも空き家でさえ、しばしば仏壇があるなど使われていないわけでもないので、戻りたいといっても物件がないのである。ただしもしかすると、これまで農山漁村や伝統型都市を守ってきた昭和一桁生まれ世代が抜け始め、家屋や土地の流動が始まっている気配があり、それを今後いかに上手に水路づけるかが重要であり、また逆にここに失敗するともう二度とチャンスはないということでもあるだろう。

そしてもう一つは社会的な制約であり、そこにはまず地域の問題がある。

多くの人が出身地に帰りたいと一度は思う。だが、地域に帰ると色々なしがらみがあり、戻りにくい。長らく地域を出てしまうと、戻っても「何を今さら」と思われそうだ。また、都会の暮らしの作法のままに田舎で暮らすと、とかく軋轢《あつれき》を生じることが多い。「女の人を車で送

った だけで「結婚した」といわれ、それが耐えられない」という話も聞いたことがある。逆にいえば、そうした回帰に対する心理的な制約を地域の住民自身が積極的に取り払っていければ、ふるさと回帰のUターンはもっと増加する可能性があるということでもある。Uターンには、Iターン以上に細やかな地域の受け入れ態勢づくりが求められる。

そしてもう一つの社会的な問題が家族である。これはなかなかやっかいである。というのも、たいていみな伴侶がいる。子育ては終わっても夫婦の縁は切れない。夫婦ともに同じ地域の出身だとか、せめて同じ県の出身ならば、首都圏からでも帰っては来られるだろう。実際にUターンしている人々にはそういうケースが多いようだ。しかしながらもはや婚姻圏は大きく拡大されてしまった。首都圏などでは、地方出身者で同じ都道府県出身者と結婚しているほうが少数派である。夫婦で「ふるさと」が違うのである。

青森県の男性と沖縄県の女性が東京で結婚しているということも稀ではない。この場合、たとえ青森に帰りたいと旦那が思っても、奥さんのほうがそれなら私は沖縄に帰ります、という事態に発展しかねないわけだ。だからしばしば、私たちが過疎地で見るのは、男性一人で夏の間だけ通っているケースであったりする。Uターンによるふるさと回帰には、実は家族をとるか、ふるさとをとるか、そうしたジレンマが発生するのである。

こうして、Uターンこそ、地域や家族のしがらみがあり、人生におけるタイミングを測るのが難しく、回帰を実現するにはそのジレンマを調整し、解決していく必要があるわけだ。そしておそらく本来、人口回帰を実現していくのならば、まずはこのUターンにこそ力を入れるべきだが、こと家族の調整や集落内での意思疎通の問題となると、行政や民間には手が出ず、まして事業にもしづらいので、政策化が困難ということになる。

Uターンは難しい。難しいのは構造的にそうなのである。にもかかわらず、それがコンスタントに続いており、しかも近年は一定の現象としてもあらわれるようになってきた。このことが地方の今後を考えるにあたって最重要であることは間違いないわけだ。

†政策化しやすいIターン

これに対してIターンは政策化しやすい。いや、こういわなければならない。政策化することで初めて実現するケースが多いのがIターンなのだ。

そもそも何の関係もない人々が、縁もゆかりもない場所に飛び込むのだから、ここには必ず仲介者が必要だ。でなければ実現化の難しい現象といわねばならない。しかしいったんその制約を越えれば成立しやすいものでもある。それがIターンの強みだ。Iターンにはしがらみもないし、どこに行こうが自由だ。だから、受け入れ先さえあれば、Iターンは比較的たやすく成立しうる。それがいま起きているIターン現象なのである。

総務省の「地域おこし協力隊」がまさにそれにチャレンジしている事業なのだといえよう。若者のIターンには制約が大きいが、いったん事業化されてその制約が乗り越えられると、希望者が続出する。先にこの事業を人工的で自然ではないとしておいたが、そもそもIターンは人工的につくらなければあらわれない現象なのである。しかもそれは「ふるさと」に帰るのではなく、「ふるさと」っぽいものへの憧れであるから、そこにはミスマッチも多数あらわれる。失敗例も当然増えるわけだ。

それゆえ、たとえ色々批判はあっても、多少の失敗は覚悟して数を大きく増やすのも一策かもしれない。というのも数が少なければ回帰者は少数化し、自立が難しくなる。しかし人数が増え、群れになれば、手取り足取りされていた人たちが、自立し始めるかもしれない。植物を育てるにも、一株植えただけでは何年も持たないものが、群体になれば持続しやすくなるのと同じことだ。

また今後は、小中高大の教育制度とも絡めて、Iターンへの誘導を新たな就業水路として考えていく必要もあるだろう（とくに農林水産高校の活用によるその道の英才教育など）。そしてなにより、子育て世代の農林業の従事には一定の所得をいかに確保できるかが問われることにもなる。所得保障制度も含めていまこそ検討が必要なはずだ。ただしそれはまた、必ずしもすべて所得保障で補う必要はなく、育児手当や（高等）教育保障とのセットでもよいのかもしれない。長期的な人生設計ができればよいのである。

ともかくも、こうした回帰の流れがいま、若い人々の一つの水脈として定着しつつある、そんなイメージを持ってよいのだろう。そこには、その少し前の世代が行ってきた帰農・回帰の試行錯誤の取り組みがあった。その取り組みによってより低くなったハードルを越えて、引退後の団塊世代や、昭和末から平成生まれ世代がその水路に入り込みつつある。現象は農地の開拓に似ている。おそらく二〇〇〇年代までに進められた開拓パイロット事業が定着し、二〇一〇年代に入ってそれを広く進めていくノウハウが整ってきたところなのだ。「ふるさと回帰」論が、「選択と集中」論への批判になるというのも、そうした意味合いにおいてなのである。

†回帰をめぐる世代間の役割

以上、回帰をめぐって、世代間の違いや政策との関わりを分析してみた。ここでいま一度、三つの世代の役割について整理し、その関係についてまとめておこう。

まず昭和末生まれから平成世代に何かの時流を感じるのは確かだろう。いまやそれほど確信犯でもないのに、大都市から田園回帰を選ぶ人々が、はっきりと見られるようになった。そして同じ世代の地方出身者にはUターンや地元志向がある。ここにはおそらく何か世代の共通の空気のようなものがある。

これに対しもう一つのＵＩターンの担い手層である団塊世代は、全体としてはむしろ地方や田舎を憎んできた世代かもしれない。団塊世代は数が多い。数が多いので、地元でも競争し、そこから都会に出てきて、またそこでも競争してきた人たちだ。どこにいても落ち着かず、その場の悪口をいう人々でもある。いやそうした人たちばかりではないのだが、数が多いのでそうした声が自然に大きくなり、聞こえてくる。

ふるさと回帰現象を考える場合には、これはやや困ったノイズといわねばならない。筆者はそれはそれとして、そうした声を除去した上で残るものに耳を傾けたほうがよいと思う。そこにはしっかりと、回帰の軌跡が刻まれている。団塊世代は数が多いので、割合は少なくてもその形跡ははっきりと見える。

そしてこの団塊世代の子である団塊ジュニア世代は数は多いが今の二つの世代とはどうも志向性が違っていて、どちらかといえばニュートラルだ。だから素朴に子どもや親のことを考え、また会社や世間のことを考えて生きている。都市にもっとも順応した世代でもあり、またもしかすると都市を恐れてもいるのだが、そこにどっぷりつかっていて抜け出せない世代だ。それでもなお、家族や子どもたちのためならと、人生を賭けようとするのは他の世代と同じである。そこに、福島第一原発事故以後の都市脱出層も現れてくる。

昭和末から平成生まれ世代の新しい動きに加え、団塊世代が地方に戻り数を増やして人口をそこそこ維持できれば、そこでは依然として都市的な消費社会も持続しうるので、若い人々が新しく始めた仕事が経済活動として成り立つものになるかもしれない。両世代の協力が現実的に持続可能な選択につながる可能性がある。バラバラでは無理でも、一緒になれば安定した都市・農村関係が再生される可能性はある。そしてその間で、団塊ジュニア世代の前後にいる、いまどうしても家族や子どもたちのために「回帰したい人」「回帰しなければならない人」が先鋭的に動き、その動きの中から、人々を引っ張る重要なリーダーが誕生してくれば。地域を変える世代間の役割は、それなりにいま各地域の中に少しずつだが見えてきてはいるのである。

†持続可能な循環をつくりだす

地方に回帰する人口はどんなものであれ歓迎すべきものだろう。

しかし、地方にとっての人材としては、やはり「ふるさと」にこだわるUターン層や地付層がどうしたって必要だろう。その意味ではやはり土着層の確保と、Uターンがまずは重要で、そこにIターンがどう絡むかということになるはずだ。あるいは制度を媒介に参入してきた若いIターンを軸に、その動きを地元層が協力する形もよいのかもしれない。

ともかくこれらの各層の立体的な交差をうまくつくっていくことができれば、各地でいままでに見たことのない面白い結果が次々と出てくるに違いない。そこには生産者の姿もあれば、消費者の姿もあり、助ける側もいれば、助けられる側もいるだろう。またその関係は時間と共に変化し、助けていた者が助けられ、支援されていた者が支える側にもなるはずだ。人材が多様化しつつあるということは、社会を組み上げる素材が多様になっているということであり、パーツが増えることで、正循環へのギアが回転し始める下地ができてきたということでもある。この状態を一つの気運と見ることは決しておかしなことではない。世代のあり方を見ても、いまは確かに何かの転換のチャンスなのだ。

こうして地方でいま始まりつつある各世代の動きや展開、その可能性に注目していくことで、もう一つ大事なことが分かってくるように思う。

それは「循環」が今後の大事なカギとなるということだ。Uターン、Jターンが重要だというのも、それが循環そのものだからだ。そしてIターンもゆくゆくはこの循環の輪に入り込むのが目標になる。外れた輪を組みたて直し、もう一度回転するように人々を輪の中に組み込んでいくこと。それぞれのパーツがかみ合い、各歯車がバラバラではなく一つのギアボックスとして稼働し始めれば、いままでになかった駆動系が回転し始め、新たな循環が起きるかもしれない。これが「選択と集中」に対比される、もう一つの未来の選択肢、「循環と持続」だ。

もちろん世界のグローバル化と戦う場は、依然として日本の中に必要だろう。しかしそれは首都圏や太平洋ベルト地帯でもはや十分なのではないか。それをさらに日本全土に広げる意味があるとすればそれはなぜなのか、そのほうが説明を要するだろう。むしろ地方が回帰によって大都市圏の過剰人口を受け入れる場となっていけば、このグローバル化の最前線で戦う大都市圏の人々の暮らしもずいぶんと楽になっていくはずだ。

むやみに成長を進めるよりは、むしろ地方都市や農山漁村を新たに意味づけ直し、そこにいま一度新しい循環をつくっていくことのほうが、日本という国の未来の持続可能性にとっては適切なはずだ。だからこそ地域的にコンパクト化せねばならぬのは、大都市圏であり、地方中核都市であり、中でもそのあいだに広がる郊外なのである。

しかしいまはまた郊外なしの地方もありえない。郊外こそが、首都と地方をつなぐ、また都市と農山漁村をつなぐインターフェイスにもなっているからだ。必要なのは新しい郊外の役割を見定めていくことであり、そしてここはおそらく定着層よりは流動層の受け皿として、分譲地ではなく、流動可能で統制可能な賃貸ゾーンとして明確化していくことが適切なのだろう。地方における流動層としては、団塊世代JターンやIターン、あるいは若いIターンや地元子育て層が想定されるが、地方の郊外では医療も福祉も学校もいまなら容易に得られるから、その受け皿としては最適なはずだ。急速に進むとされる日本の超高齢化問題を受け止める地帯もここに置くべきだ。そして郊外の縮小を具体的にコントロールしていく試行錯誤のうちに、都心と農山漁村の新しい関係の再構築についても、その見通しを立てていくことが可能になるはずだ。

あれかこれかではなく、「ふるさと」と首都、地域経済とグローバル経済、そして伝統的市街地と郊外、こうした一見、対立するものを両立させるやり方、そうしたタイプの総合計画・都市計画（マスタープラン）が求められる。

だがそれにはどうやって手を着ければよいのだろうか。Uターン、Iターンに関わる議論は、ただそうした芽が見えるということだけでなく、さらにその先へと展開される必要がある。ではそれはどちらへ向かうべきものなのだろうか。

4　複数地域所属という新しい姿

†多地域居住という実態から

ここまでの議論を振り返ってみよう。どうもここで起きているのは、単純に大都市か地方か、あるいは都市か農村か、どちらを選ぶのかということではなさそうだ。どこかからどこかへとただ移動するだけのものではないようなのである。むしろここに見えるのは、居住地を一つどこかに限定することなく、二つ以上の場所を、あっちでもない、こっちでもないと動きつつ、居場所を調整している人間の姿だ。

　人々は流動的だ。しかしまた浮遊しているのではなく、そこにはある種の定着への志向性が見えている。みなどこかへとたどり着こうともがいている。かつそれは、一人の中だけでなく、世代を超えての回帰さえあるようだ。世代間の回帰だから、たどり着いた場所も最初の目的地とは異なってもくるのだろう。目的地へ向けた各人の思惑も様々だ。でも完全に糸が切れて漂っているのではない。

だが、なぜ人々はこんなに動き、居場所の選択に悩まなければならないのだろうか。

　家族というものから考えてみよう。

　かつては婚姻は一般に身近な地域で行われており、そのため家族は多くが同じ都道府県内の出身者で構成されていた。むろん身分の高い人は別で、その場合はむしろ地域を離れた姻戚関係が結ばれたが、庶民の家族は家柄も、地域も、仕事さえ、同じような人々で構成され、またその子どもたちも同じような生活史を歩むことが期待されていた。

　大正期から戦中を経て戦後に至ると全国区での人口移動が始まり、とくに戦後は地方から太平洋ベルト地帯への流入が大量に行われ、また元の地へと戻ってもいった。その際に婚姻が都道府県の壁を越えて行われるようになったので、家族がいまや遠く離れた地域から集合した多地域出身者の混住になってしまっている。このことがまずは大きいわけだ。人々が生まれたときから関わる地域の範囲が、大きく広がってしまっているのである。

とはいえまたそれは五カ所も六カ所もというわけでもない。ただしこれを繰り返していけば、代を追うごとに関わる地域は二倍、四倍、八倍と増え、最後は無限大にはなる計算だ。地方消滅はまさに家族が起点となって進めているといってよい。それゆえ、その離合集散が、今後、どんなふうに展開するのかが事態のゆくえを探る重要なカギになる。

人々はどこかに落ち着こうとはしている。しかし残念ながら一つには無理だ。みな複数の地域に関わってしまっている。人生そのものが地域をめぐって分裂してしまっているといってもよい。その中からいくつかを選び、またそのあいだの調整をするために、さらに新しい場所を選び取ろうとする——郊外住宅もそのように選ばれてきた。Iターン先も同様のはずだ。前にIターンは自由だといったが、実はそんなことはない。特定の地域に人気が集まるのは、人々が持つ様々な制約を反映するからだ。でなければ全国どこにでも散ればよいはずなのである。そこにはやはり何らかの制約や調整が働いている。そして郊外出身の若者にとっても、その郊外が「ふるさと」でもあるわけで、これだって簡単に棄てられるものではない。

ところが、こうした現実に対して、私たちの地域所属は一つしか認められていない。それがどんな事情を持っていても、住民票をおけるのは一人につき一カ所だけだ。地域をめぐる多地域所属の感覚と、それに関わる制度とがかみ合っていない。かつては一つの場所に住み、働き、そこで死んでいった人は大勢いた。しかしいまやそんな人のほうが稀だ。人はたえず移動を続けている。

制度的には居場所（住所）は一つであり、しかもその住所によって地域の表向きの姿が測られる。それが自治体の人口である。そしてその人口がすべての基準となって、地域の力や持続可能性も判断される。いや実は別に人口がすべての基準ではなかったのだが、いつの間にか制度が示す姿に引っ張られてそのように考える人が増え、そう判断されるようになった。その一つが今回の増田レポートなのである。その分析によれば人口数（ここでは国勢調査の結果）に基づいて計算すると自治体の半分は消えるという。そしてそのすべてを守れはしないので、一部を守るために「選択と集中」を行うべきだという。

またこうした人口に対するいま一つの対応が、「うちの自治体を選んで下さい」であった。それはまさに人々の住民票を取り合うことにある。そしてこの自治体間の人口獲得ゲームが、このままではお互いの人口を奪い合い、共倒れになるということも先に指摘しておいた。

もっともこの自治体間人口獲得ゲームには別の意味も含まれている。ここには「選択と集中」と共鳴しあうものがあると述べたが、とはいえ本当の意味で「選択と集中」なのではない。自治体はただ事態に適応しようとしているのにすぎず、その動きは主体的だ。そして主体的な動きには必ずそれ本来の意味がある。その意味をしっかりと読み取ることが必要だ。

ここでいま一度この人口減少対策が持つ意味を考え直すことにしたい。これは上からいわれてやっているのではなく、あくまで自治体の自立的で自由な動きとして現れている。そしてもしこの主体的な自治体の動きが、全体の人口維持バランスに寄与し、正循環へと転換する力として働くのなら、それは人口減少を押しとどめる重要な条件にもなるはずだ。ではそれはどうすれば実現するのだろうか。

†数の論理が地域を破壊する

そもそも先に指摘した自治体間人口獲得ゲームが抱えている問題点とは、いったい何によるのだろうか。各自治体が自分の地域を守ろうとするのは当然であり、現行の制度の中ではそれが「うちはよい地域だから来て下さい」になるのはある意味でやむをえない。そこに問題があるとすれば、それは自治体の問題というよりも、むしろ制度の欠陥だといわねばならない。ではそれはどんな欠陥か。

そもそも自治体間の人口獲得ゲームになってしまうのは、自治体の財政規模が人口によって決定されてしまうからである。人口減が起きればそれだけ財政が厳しくなり、逆に増えればよくなるからである。このゲームの行く末は見えている。過疎地と過密地の両極分解だ。人口が多いほど投資が可能になり、人口もまた増える。その逆もまたしかりだ。

もっとも各地域の事情は様々であり、人口も当然ながらその事情によって増えたり減ったりする。いまや住宅地も市町村境を越えてつくられるから、全体としてはバランスがとれていても、市町村間にはアンバランスも現れる。産業を持ち就業地を多く抱えながら、人口が伸びない都市。逆に産業も何もないのに、住宅政策だけで人口が伸びていく地域。それを単純に結果としての住民票の数だけで評価することになれば、それは実態にそぐわないだろう。そこで結局、全体のバランスをとるためにも広域合併ということになるのかもしれないが、広域合併すればますます住民と行政の距離が離れ、自治は機能しなくなり、人口減少問題に取り組むための細やかな施策形成の可能性が失われることになる。

こうして見ると、例の平成の大合併は、財政をとるか（カネを取るか）、自治をとるか（心をとるか）の二者択一を迫るものであったわけだ。そして素直に国の意向に従って財政のほうをとったところが、結局は人口減少が止まらなくなり、あらためて地域政策をやり直そうにも地方自治の手がかりが失われて手の着けようのない事態に陥っているわけだ。

そのような中で行われている自治体間人口獲得ゲームだから、もはやかつてのように「自分の地域だけは人口増大でいきたい」という自己主張は影を潜め、目指すは人口増ではなく、社会を維持できればよい（持続可能性）になってきている。実際、自治体からすれば、競争に勝つ必要などはなく、人口減少しても人々の生活循環が保たれればよいのであり、むしろそのために社会のスリム化も進めているわけだ。だから自治体間人口獲得ゲームに参加していても、その裏では必ず人口減少適応戦略を実施しているはずだ。

そしてそれゆえ、地方自治体の視点から見ても、いま必要なことは地方中核都市への投資と開発ではやはりなく、それどころか自分たちが当の地方中核都市に任命されたとしても、持続可能性という点ではよい迷惑だろう。まともな者なら誰もこんな賭けを望んではしない。賭けるとすればもう他に道がないからだ。増田レポートの提案とはそういうものである。

いま本当に求められているのは、各地域の生活インフラを保持していくスキームをしっかり確立することである。ここは少し丁寧に記述しておこう。この論点は確かに増田レポートにも出てくるのである。出てはくるのだが、結局その問いへの回答は明確になく、ただ地方中核都市への「選択と集中」が主張されるだけなのだ。結局、「地方消滅」も「自治体消滅」も、あるいは「人口減少」も、地方に残された沃野《よくや》への経済資本投下可能性を確保し、グローバル経済戦争を勝ち抜くための総力戦へ、さらに地方を引き出すための口実でしかないように筆者には見える。

「地方消滅」「自治体消滅」「人口減少」に本当に必要な対処とは本来、「行政サービスとして、最低限の生活インフラは今後もしっかり維持していきましょう。そのためのスキームはこうです」という戦略づくりでなければならないはずだ。増田レポート発表の前から、人口減少により最低限の生活サービスさえ外されるのではないかという不安が、自治体および住民たちの間に広まっていた。すでにその不安から、残せるはずの学校のいくつかが統廃合され、地域を支えるのに必要な店や病院がなくなりつつある。地域の暮らしを支える仕組みが、日々目に見えて細りつつある。だが、現行のルールに従っていればそうなるのは当然であり、ルールに忠実であればあるだけ、必然的に生じてくる結果なのだ。

そしてどうも、そうなる理由をたどれば、この日本という国に暮らす人々はきわめて従順な国民性を持っていて、上で決定したルールに対してはどんなものであれ従うようなのだ。それだけ政府を、国を信頼しているのだというべきだろう。だが、だからこそこんな地方消滅が予測されうるような事態になったのであり、この失敗を反省して、今度こそ生活インフラの維持を全体としてどう長期に安定的に確保していくのか、その新たなルールの確立を急がねばならない。

そしてそれは、住民や自治体の仕事であるよりは（確かにその努力は必要だが）、政治や政府の仕事であり、責任であるはずだ。それを怠って、さらに国民に負担をかける「選択と集中」論など、都合のよい責任逃れか、この国の未来を呪う者による悪巧みにしか見えない。

†「あなたたちにコストをかけたくない」

むろん、いまあるインフラや公共施設のすべてを残すことはできないかもしれない。またそれが合理的でないこともよく分かる。

だがそのすべてを維持できないとする場合、そのコストを節約する方法は、一部の地域を切るなどということだけでは決してないはずだ。ふつうに考えれば当然出てくる、もう一つの方法があるはずだ。要するに、全体を薄めればよいのである。みんなで少しずつ我慢して、倹約すればすむことなのだ。しかしそこに「選択と集中」という論理を振りかざす人がいて、少数切り捨てを当然とし、しかも世論さえそれにかなりの部分が同調しているのだとすれば、これはゆゆしき事態といわなければならない。

なぜなら、ここにはこんな論理が潜んでいるからである。「あなたたちは存続するに値しない地域だから、早く解消しなさい。あなたたちにはこれだけのコストがかかるが、もう支払いたくない。あなたたちは少数だから自分たちだけでは支払えないでしょう。もう以前通りには暮らせない。私たちはいままで通り豊かに暮らすけど」。

国家はみなで支えているのであり、そこにはお年寄りもあれば子どももあり、様々な仕事やものの考え方をしている人があって、色んな人がいるから成り立っているのである。ハンディキャップを背負った人たちだって、ただ支えられているのではなく、めぐりめぐってそれぞれに役割があってこの国を支えているのだ。地域も同じだ。それをたまたまルール上、現在収入が高く現れ、税金を加算されているからといって、それを自分だけで生み出したものと錯覚して、赤の他人にそれを使われるのは嫌だと、そういう感覚でこの国を、そして中央地方問題を見ているとしたら、これほど愚かなことはない。

農家の所得は低い。それでも私たちが日々食べていけるのは、農家の人々が生産してくれているからなのだ。またこれは裏を返せば、農家は農家で日々生産できるのは、都市の人々が毎日働き、内需を拡大し、外貨を稼ぎ、経済活動という形で財を増やし再分配してくれているからだ。その再分配で暮らしのインフラが整っているので、安心して農業生産もできるのである。両者の関係はバランスがとれており、どちらも相手を必要としていてここに何の矛盾も対立もない。そしてそこにある経済格差など気にせず、それぞれがそれぞれに納得して暮らしていればよいはずなのに――そしてつい最近までそれが常識であったはずなのに――なぜかこの分業にカネ勘定の損得が入り込み、目に見える人口や経済活動のみが実態であるかのように勘違いしてしまって、妙な感情論が渦巻いている。

増田レポートは、そんな一部の国民感情を吸収したところに成立しているようだ。もっとも、この感情は放っておけばそれほど気になるものでもなかった。またあえて政治家や知識人が取り上げる必要のある論理でもなかったはずだ。それをむやみに増幅し、政策の土台にするよう提言してしまった。もしこのままこの論理が国民の間の常識の一つになってしまえば、この国の将来にとって大きな禍根となるに違いない。

†ゲームのルールを変えられるか

私たちは断絶し始めている。増田レポートは、その断絶を「消滅可能性都市」という目に見える形で、「残るもの」「消えるもの」として示し、この区別がいままた、さらなる分裂へとつながりつつある。

だが逆にいえば、私たちの間に現実に存在している深いつながりをもっと目に見える形で示すことさえできれば、変な国民感情も和らぎ、落ち着いて物事を考えるきっかけができるのかもしれない。

私たちは焦っている。焦っていることが気持ちの悪い感情を生み、すべてを悪循環へと引きずり込んでいるようだ。一方で、弱者にかまっていてはこの国の行く末は危ないと焦り、他方で、この国から切り捨てられまいと焦る。同じ船に乗り、互いに支え合って船を進めている運命共同体であるにもかかわらずだ。

ではこうした感情を超えた共生の論理の基盤は、どのようにつくればいいのだろうか。多様な社会は、様々な考えを持つ人々が、互いに尊重しあって初めて成り立つ。ではその関係をどう示すことができるのか。そもそも多様だからこそ、分かり合えないのではないか。分かり合う装置がないからこそ、こうなっているのではないか。逆にいえば、それができるなら何も焦ることはなく、まして大きな財政をかけて地域をつぶすような新たな開発事業など企画しなくてもよいのではないか。国民同士が分かり合えるかどうか、これこそが問題の核心なのではないか。

だが、その手がかりをどうやって探せばよいのだろうか。

私たち国民のつながりは、産業構成や公的扶助のあり方、あるいは生態系としてのつながりなど、様々な形で示すことが可能だ。本書では人口減少問題について問うてきた。問題の一つには、地方と中央の人口格差がある。この人口をめぐるつながりについて、それを客観的に示す方法に、このあとの議論を絞ってみよう。

そしてどうも、そのヒントの一つが、先の自治体間人口獲得ゲームのうちに見出せるように思うのだ。

不安の悪循環を、安心の正循環に押し戻すのに必要なことは何か。

勝っても負けても不安の悪循環を生み出すことにしかならない人口獲得ゲームを、別の新しいタイプのゲームとして提案し、正循環のゲームへと切り替えること、これである。要するに、現在の持続不可能なゲームを持続可能なゲームへとラインを引き直すこと、ルールを結び直すことができればよいはずだ。

私たちが完全にもう駄目なら、「命はもう長くはない」とのショックを与え、命を落とすかもしれない大手術を決断させるのもありうるのかもしれない。

しかし、例えば明治・大正期から比べても、絶対的な暮らしの安心と安全は確立されており、もはや飢えないし、本当の意味で見捨てられることもない。不安に思う必要は現時点ではなく、自治体消滅可能性なども憶測にすぎず、実際に正循環へとつながる新たな動きが人口回帰という潮流として始まってもいる。そのような現実の中で、私たちが今なすべきことは、やはり大出血覚悟の手術ではないはずなのだ。もっと適切で、効率的でリスクの低い対処法があるはずなのである。

そのためにも、まずはこの人口獲得ゲームが持っている、持続可能性をめぐる欠陥を明らかにしておくことが近道だ。「選択と集中」型の従来路線で疾走する限り、私たちは人口獲得ゲームをこのまま続けるしかない。そこにはどんな問題があり、そしてそれに代わる新しいゲームの可能性はどこに見出せるのか。

次章ではその新しいゲームについて提案し議論してみたい。そしてそこでは、私たちが「制度を変える」ほどの選択を迫られているのだというイメージもつくっていきたい。いままでのゲームでこれからも勝負を続けるのか。それともこのゲームでは勝者敗者がはっきりしすぎ、もはやゲームにならないから、あらためてゲームのルールを見直して、持続可能なゲームのあり方を探るのか。そして大局的には、間違いなく私たちは、ゲームのルールを変更しなければならない時期にきている。それが人口減少＝地方消滅の予言が示す本当の警告なのである。

第 6 章
持続する制度を生み出す

東京で開催されている青森ゼミナール。
三村申吾知事もスペシャルゲストとして参加した。

1　多様性を認め合う新しいゲームの創生へ

†未来の適切な組み込み

現在の「選択と集中」につながる自治体間人口獲得ゲームに代わる、新しいゲームはいかなる形で提起しうるだろうか。それはおそらく、互いに人口を奪い合うようなものではなく、何らかの論証ゲーム――「うちの地域はこんな価値を持っていて、こんなふうに持続していきたい」を競い合う論理対抗ゲーム――になるのではないだろうか。維持・循環・持続のあり方を多様な姿で認め合い、その将来計画の完成度を競いつつ、互いに協力しあってその実現を目指していく、そういう実際的なルールづくりができないか。以下、試論を展開してみたい。

その際、人口減少問題を考える上では、次の点に留意することが必要である。社会の中には、隠れていて見えにくいが、問題解決にとって見落としてはならない大切なものがある。それを見落とさないことだ。まずはこの点について三つに分けて述べることから、本章の議論を始めよう。

まず第一に、私たちはしばしば目に見える現在のことにとらわれ、「いまこうなっているから」で物事を決定しがちだ。しかし社会の縮小を止めるには、現在を見ているだけでは駄目だ。時間軸をきちんと見据えること、なによりまだ見ぬ未来をきちんと現在に組み込んでいくことが必要だ。

地方交付税交付金や、減反政策、そしてこれまでの年金制度も、ある意味では現在目の前にある数値とは別の基準で政策を行う仕掛けであった。とくに過疎対策は、いまいる人口だけで判断せずに自治体運営ができるよう配慮したものだ。しかしそれは「将来住みうる」人口ではなく、「かつて住んでいた」人口を基準にしたものといえる。だから旧産炭地や鉱山地帯、ダムなどの建設現場などで一時的に爆発的に人口が増えたような場所でも、いったん登場したピーク時の人口を基準に考えるようにもなっていた。

むろん過去の数値は重要な指標ではあるが、いま必要なことは、過去よりも未来を読み込む政策形成である。こういってもよい。これまでの半世紀は、経済成長という目標を信じて政策形成していればよかった。しかも人口増加の中ではそれで事足りた。だが人口減少の中で、もはや経済成長は未来目標としては役に立たない。もっと別の目標を各地域で各様に立てなければ現実には合わない。将来の姿を、過去の趨勢（客観的データ）からではなく、未来への意向や希望（主観的意志）によって描き出し、計画を立て、実現していく必要がある。

†人口減少を生かす持続可能な社会づくり

第二に、人口減少は社会を縮小させるが、すべてがマイナスに働くわけではない。その縮小をプラスに考えることが可能なはずだ。一人あたりで活用できる資源は増えるのだから、「選択と集中」などと焦らずに、全体で上手に調整し、資源を有効に結びつけて効率よく縮小していけばよい。積極的に活用することで、これまで伸び悩んできた部分にも発展の可能性が出てくるかもしれない。

焦って縮小する前に、何をどう使って新しい社会を構想するのか、そのことを十分に突き詰めておくことが必要だ。中でも見かけの人口数に引っ張られて、そこに展開しておいた大事なインフラを使うことなくスクラップ化してしまうことこそ避けねばならない。

「使うかも分からないインフラに、人口減少が分かっているのにさらにカネをかけるのか」と思われるかもしれない。だが、首都東京では駅も、オフィス街も、道路も、住宅もたえず工事が行われ、その更新が進められている。日本は人口減少し、しかもこれだけ財政が逼迫しているのにもかかわらずだ。このことは地方の拠点都市でも同じだろう。「選択と集中」論などといわずとも、すでにそうなっている。だがそこには、それなりの理由があるはずだ。

人口は減少していても必要なインフラは必要なだけ維持せねばならず、しかも社会は変化しているので、それに合わせて拡張や更新もしていかねばならない。中でもその変化に急ぎ対応しなければならないのが現代都市だ。とはいえ、都市にすべてを集中しすぎては全体のバランスを欠き、社会の相互依存性が失われてしまいかねない。その一部を調整して地方にも回し、適切に国土全体を整備していくことがいまの政治の課題になる。

一見無駄に見えるもの、非効率に見えるものにも、その背後には、全体の持続を担う大事な役目があったり、あるいはまた未来に向けた発展可能性の種が潜んでいたりする。その存続必要性の論理を競うこと。そしてできるだけ新しくつくることは避け、いまあるストックを最大限動員して、希望ある未来図を描き、それが実現できるような態勢をつくること。そうした道を切り拓いてくことが望まれる。ストックを生かす。いまあるものを生かし、尊重する文化を育む。私たちにはいま、循環や持続といった日本的な世界観や自然観への回帰が求められているのだろう。「成長」という未来なのか、人口減少に見合った「維持・循環・持続」という未来なのかの選択でもある。

†ダブルにあるもの――多様な住民を認める

第三に、そもそも物事はシングルで存在するのではなく、ダブルにあるもの、多様にあるものである。このことに注意しなければならない。例えば、地方自治体は国の末端機関でもあるが、同時に自治組織でもあり、市民社会でもある。そしてそれはいまいる人口のためのものではあるが、同時に将来の人口や、住んではいないが関わりのある人のためにもある。物事にはつねに二面性、多面性がある。

そしてダブルであるとはさらに、次のようなことでもあるわけだ。都市に人口が集中しているが、農村や漁村があって初めて都市はある。そしてまた都市の価値があって、初めて農山漁村の価値もある。こうした多重の意味合いを持って存在するものを、「いまいる」人口やその経済力だけで判断するのではなく、その「潜在可能性」を評価し、投資を振り向けられる道筋をつくることである。しかも多くの国民が納得可能な論理によって。逆にいえば、「選択と集中」論は、物事をあまりにも単一に、一面的に見過ぎているのである。

そして、第5章の議論をここで引き継ぐなら、本来ダブルなもの、多様なものをシングルに見立ててしまっているもの、その一つが自治体における住民なのである。住民の一面的な取り扱い方が自治体の形を決め、その存続可能性を決め、未来の姿を決定づけつつある。逆にいえば、「住民」のあり方をもっと多様なものとして扱うことができれば、自治体のあり方も、その未来も変わり、政治も変わり、行政も変わり、そして国家のあり方も変わるかもしれない。

この「住民」のあり方を具体的に変える提案として注目されているものの一つが、住民票の二重登録化である。今回の増田レポートのような思考法は、東日本大震災・東京電力福島第一原発事故をきっかけにして急激に膨張した節がある。大規模災害・事故が新たな社会構想を生み出す作用を持ちうるものだとすれば、同様にこの震災・原発事故の現場の中から生まれてきたアイディアの一つに、この住民票の二重登録化の提案もある。

†住民票の二重登録化という提案

人口減少も、過疎・過密の問題も、いずれも人口管理・人口統制の問題だ。「人口」の問題にどう切り込むのかがその解決の基本になるはずだ。そのためには、この新しい時代の中で新しく人口をとらえなおし、根拠づけ、処理することから始めなければならない。そもそも自治体は人口でできている。では自治体の人口とは誰なのか。いま述べた三点に注意するならこういうことになる。

人口はいまそこに居住する人々の数であらわされる。しかし、自治体の住民を数としての一面性にとらわれて見てしまえば、「選択と集中」論に行き着き、自治体は淘汰されて、地方中核都市にまとめればよいという発想にもなるのだろう。

だが自治体の人口は単なる数ではない。それは一人一人の人間であり、家族の一員であり、また各種集団の構成員でもある。そして自治体もまた単に国家の行政末端機構ではなく、一つの集団であり、共同体であり、また社会である。自治体の人口とはだからただ住民であるだけでなく、自治体という共同体の一員であり、社会の成員でもある。そしてその成員もいまや、現在そこに住んでいる人だけでなく、離れて暮らしている人、将来住む人、生まれてくる人、協力している人、通う人、関わってくれる人、応援してくれる人などなど、多様なものが含まれているはずである。

こうしたダブルなもの、多様なものを、多様なままに受け入れる手法――そういったものとして、この二重住民票の提案を受け止め、その応用を考えてみたい。そしてその視角から見ることで、いまある自治体も、そこに展開されているストックも全く違う意味合いを持ってあらわれてくるはずだ。

おそらくこれ以外にも、もっと色々と切り込む角度はあるだろう。たまたま筆者もこの提案にあるところで出くわし、専門家たちや政策担当者たちの豊かな議論を聞くことに恵まれたので、とくに注目するのにすぎない。しかしまたこれがどうもたまたまでもなく、現状打開の本質に関わる核心に触れているのかもしれないという確信も得てきている。

2　住民とは誰か――成長・発展から循環・持続の住民政策へ

二重住民票は、二〇一一年東京電力福島第一原発事故の避難者対応策として提案されたものである（以下の論理も含め、詳細はさらに今井照《あきら》『自治体再建』を参照）。

全国に散り散りになり、広域避難を余儀なくされている避難者に対して、住民登録を二重化して対応すべきだというこの提案は、もとは避難元と避難先の両方で避難者が滞りなく行政サービスを受けられるようにすべきだというのが出発点である。だが、避難が長びくに従い、長期的な避難生活をしっかりと正当な権利を持って暮らせるための最低限の条件整備として、いまその必要性が提起されている。政府の事故への社会的責任を実現するためにも、こうした制度が必要だという議論もある。もっとも政策サイドでは「原発避難者特例法」（二〇一一年八月公布）による一時しのぎで十分として、現在までそうした観点からの検討はなされていないようだ。

さてこの提案を、ここまで行ってきた議論の文脈に即していえばこういうことになる。原発避難という、制度が想定していない事態が発生してしまった。だが制度はそのままなので、実態を制度に合わせねばならず、そのことで矛盾が生じ様々な問題が起きている。ならば、制度のほうを実態に合わせ、調整を図っていくべきだ。そこにはさらに、現在の問題についての調整だけでなく、「未来」の町の姿・住民の姿を、先を見越して掌握し、長期広域避難で切れかかっている人々のつながりを壊さずに温存して、未来へと確かな形で誘導していこうという意図もある。

そのためにも、とくにシチズンシップ（市民権）が二重に認められることが大切なのだと、提案者の今井照《あきら》氏（福島大学教授）はいう。避難元と避難先の両方に同じく所属すること（「住所は二つあってもよい」）がこの提案の主旨である。それゆえ、中でもとくに参政権が重要であり、国政選挙は一つしか認められないにしても、自治体所属は二重なので、自治体レベルでは二重の選挙権が必要になりそうだ（この点はさらに危険自治体論とも絡めて山下他著『人間なき復興』第4章の拙論も参照されたい）。

二重住民票の提案は、関係する省庁や研究者には抵抗を持って受け止められたといわれている。もしこれが導入されれば、「住民とは誰か」がいまの制度と大きく変わる可能性があるからだろう。「住所は一つ」は、住民の管理としては分かりやすく、また一見そこに問題はなさそうだ。だがこの制度が原発避難がもたらした現実に合わないのだから、実態に合わせて自治体への二重の所属を認めましょうという提案は当然であり、すでに報道等でも何度も取り上げられ、二〇一四年九月に発表された日本学術会議のいくつかの提言でも繰り返し言及されているので、近くその具体的な検討結果の公表が行われるものと思われる（日本学術会議・東日本大震災復興支援委員会福島復興支援分科会「東京電力福島第一原子力発電所事故による長期避難者の暮らしと住まいの再建に関する提言」、社会学委員会東日本大震災の被害構造と日本社会の再建の道を探る分科会「東日本大震災からの復興政策の改善についての提言」)。

もっとも、住民票をめぐる問題は一般には理解しにくいものでもあり、避難者たちの間でもその認識は高くない。しかしこのまま避難が長引き、五年、十年とたてば、避難者たち自身にもこの提案の持つ意義がはっきり分かるときがくるはずだ。代わりとされている原発避難者特例法も、五年を超えての運用は、特例法としての性格や帰還政策の進行を考えても無理があるだろうといわれている。おそらくそのときになってから慌てて対応しても手遅れだろう。住民の「こうしてほしい」を待つ前に、未来の住民(とくにいまの福島の子どもたち)のために、未来を取り込んだ制度を先取りしてつくることが政府には求められている。

†バーチャル自治体——日常化する複数地域との関わり

そしてどうも、この「住所が一つ」というのは、原発避難者に限られたことではなく、そもそもこの国の実態にも合っていないのではないか。過疎や地方の問題を考えていくとここでも「住所は一つ」というフィクションが現実を歪めて見せている嫌いがある。さらに先の今井照氏は、住民票の二重登録から、区域にこだわらないバーチャル自治体へと議論を展開している。

その議論をここでの文脈にあわせて紹介するなら、こういうことだ。

そもそも自治体の範域にいま暮らしている住民だけが、その自治体の構成員である必然性はない。自治体は特定の区域をもとに展開されているけれども、区域に居住する住民だけでなく、その区域に様々な形で関わる多様な人々が参加してよいはずだ。現にいまや多くの人々が関わるようになっている。また原発避難では自治体そのものの位置さえ、その区域の外に移動し、区域が唯一無二の自治体の構成要素ではないことも明らかとなった（もともと域外に庁舎をおく自治体は離島半島にはある）。要するに自治体とは区域そのものではなく、区域を媒介にした集団であり、本来バーチャルなのである。そのバーチャルな実態をリアルなものとして認めようではないか――そういう提案のようだ。またここで、バーチャル（virtual）には、「仮想の」という意味とともに「実質的に効力のある」という意味があることにも注意しよう。

この二重住民票やバーチャル自治体の議論を応用すれば、過疎や地方のゆくえにも新しい視野が広がって見えてくるような気がする。

『限界集落の真実』で、筆者は次のように主張した。限界集落とは高齢者ばかりになって集落の社会的共同生活が維持できなくなってしまった集落のことを指す（大野晃氏）。確かにそうした超高齢集落は数多く存在する。かといってそこで暮らす高齢世帯は決して孤立してはいない。家族のつながりは強く、近くの基幹集落や中心都市に子どもや孫たちがいて、しかもしばしば集落に通っている。家族が広域に住み分けをしているのであり、そこには「二カ所居住」の実態・意志がある。そしてこのことは過疎地に限らず、日本の家族が持つまぎれもない現実であり、そしてこの「広域に広がる家族」という現実がめぐりめぐってこの国のいまを支えている。

私たちは一カ所にはいない。複数箇所を活用し、自治体をまたがって生きている。「住所は一つ」が地方自治体の前提になっているにもかかわらず、学生や単身赴任者、そして出稼ぎ者など、複数の場所で生活し、長期滞在する場合も住所を移さずに生活してきた。これはレアなケースではない。むしろ一つの自治体だけにとどまって暮らしている人のほうが現代では少数派になっているはずだ。

例えば、私の大学（首都大学東京）がある東京都八王子市南大沢。ここで働く職員も、学生も、市境を越えて毎日顔を合わせている。隣には「多摩境」という駅もありそれを越えれば神奈川県だ。またこの南大沢を含む大規模郊外住宅団地・多摩ニュータウンに暮らす人々は、市境、県境を越えて、神奈川県や東京都心に毎日満員電車で働きに出る。いったいいくつの自治体の境を越えて人々は暮らしているのだろう。そしてこれは限界集落にも共通する現実なのだ。子どもたちは自治体の境を越えて毎日高校に通い、親たちも年寄りたちも、勤めに買い物に病院に、頻繁に町外村外に出かけて行く。すでにもう何十年も続けてきたことであり、昨日今日の話ではない。また企業や官公庁によっては県外や国外への単身赴任があり、働く者のみならず、その家族も複数地域を行ったり来たりする。さらに、働き先が自宅やその近くだという人も、仕事で色んなところに出かけているはずだ。営業、商売、物流・運搬、建設や土木工事に関わる仕事も、日常的に広域を移動して初めて可能になる。

「多地域所属」「複数地域利用」は日常的にみながやっていることであり、ふつうの住民のふつうの生活様式だ。どこか一カ所につなぎ止められて人々は生活してはいない。ある時、筆者もいわれてなるほどと思った。山村に住み、山の仕事で生計を立てている高齢者だ。「いまは楽だぞー。ずいぶんかわったからな。ちょっと今日は刺身でも食べたいべなと思えば、車に乗って○○（都市名）のスーパーに行って新鮮なものを買ってこられる。家族が調子悪いといえば車で△△（別の都市名）の病院に連れて行く」。そしてこの人がとってくる良質の山菜やキノコを、都会の人が買っておいしくいただく。これもまた形を変えた多地域利用だ。

†二カ所居住・多地域所属——二つ以上の顔を持つ人々

そしてさらに、単に複数地域をまたいだ生活というだけでなく、「二カ所居住」のような多地域所属を積極的に行う人々も現実に現れ始めている。団塊世代の中には退職後、いま住んでいる場所と、地方のふるさととの二カ所を股にかけて暮らそうとしている人々がいる。「水曜日は隔週で帰る」という人も筆者の知り合いにはいる。すでに第5章で団塊世代UターンやIターンについては見たが、彼らも実はしばしば完全移住ではなく、もとの住所での暮らしを続けながらの二カ所居住が多いことにも注意しよう。平成世代のIターンだってそうだ。すべてを捨てて地方に行くのではなく、しばしば親元に帰り都会の暮らしに戻る。彼・彼女らもまた形を変えた二カ所居住者でもあるわけだ。現実の暮らしを考えればしかし、それが当然の姿でもある。

もはや自治体への所属を一つに限定し、二つの住所、複数の自治体所属を認めないことのほうが実態にはあっていないわけだ。そしてこうして見れば、一見人がいないと思う地域でも、実は多くの人が関わっていることも理解できるだろう。盆や正月の田舎を訪れてみればよい。あるいは田植えや稲刈りのとき、祭りなどの行事のとき、どこにいたかと思うほどの人がそこにはいるはずだ。むしろこの複数地域所属の実態を認めないことで制度が実態を阻害し、地域間のバランスを欠き、人口集中地区にますます人口を集中させ、地域を壊す可能性にまでつながっているのではないか。

そして、本書で検討してきた増田レポートこそが、「住所は一つ」から出発したものだ。逆にいえば、「住民とは誰か」「自治体とは何か」の解釈やその存立ルールさえ変えれば、とたんに地方の健全さが明確化し、人々の現状認識も深まり、「消滅する」だの、「コストをかけたくない」だのいわれなくてすむのではないか。また地域に関わる人・支える人がはっきりするなら、これまで遠慮していた人々の義務や権利も明確になり、地域への参画が容易になって、自治体や地域の姿そのものも大きく変わってくるのではないか。

もっとも戸籍制度というものがあり、この戸籍に加えて戦後に地方自治法ができて住民票制度が入っているのだから、地域と人との関係はすでにもう二重だともいえる。そして、戦後七〇年近くたってさらにその関係が複雑化し、その現実に今後どう制度がうまく対応できるのかが大きな課題となっている――おそらくそう考えてよいのだろう。

私たちの暮らしは基本的に一つの住所に規定され、それに従ってすべてが決定される。自治体の寿命も、村落の維持可能性も。そして住民であることも土地に縛られて、ただそこで税を払い、サービスを受けることで終わってしまい、一部の人が政治に参加することを除けば、ほとんどの人は数年に一度の選挙に出かけるだけだ。その選挙さえ参加しない人も増えてきた。

私たちは明治以前に根づいていた感覚を近代社会の中に持ち込みつつ、そこに近代的な自治体制度を当てはめて使ってきたが、二一世紀に入って振り返ればもはやそれが実態に合わなくなってきた。しかも加えて、近年とくに自治体の再編統合による大規模化が進み、そこに暮らす住民というものの意味合い自体がきわめて希薄なものへと転換されてしまった。「住民とは誰か」はもはや自明ではなくなっている。

それでもなお自治体が自治体であり続けるためには、新しい時代に合った新たな住民の定義が求められる――おそらくそういうべき状況なのだろう。

確かに住民たち自身に任していても何も決められず、それどころか地域エゴを主張するばかりで、建設的な社会変化には向かわない現実がある。第2章で見たように、地域にとっての大事な命綱である小学校さえ、住民自身が放棄してしまう有様だ。

しかしこれはどうも人々が悪いとか、頑張りが足りないとか、啓蒙しなければならないとか、そういうことではないのではないか。むしろきわめて一面的な制度が人々の実態に強い制約を与え、多くの人々の当然の権利を阻害し、地域を解体に導いているというべきではないのか。

†一票の格差論をめぐって

以上のように考えていくと、いわゆる「一票の格差論」などに現れている言説にも奇妙さを感じるようになってくるはずだ。「住民とは誰か」という問いは、選挙権・参政権という重要な案件に深く絡んでくる。

「一票の格差論」は、現在、都道府県をベースに地区割りで配分している国会議員の議席数が選挙区間で大きな格差を生じ、国民一人一票が持つ価値に不平等をもたらしているので、都道府県枠を取っ払ってしまえというものだ。そしてすべてがそうではないが、一般に、人口の少ない地域により多くの議員が割り当てられており、地方を守るためにこうなっているものと理解されている。

だがこれも現在のようになってしまった理由は、東京一極集中による地方から中央へ、また農山漁村から都市への大量の人口移動によって生じた人口偏在にある。この議論をそのまま認めてしまえば、この状況にさらに拍車をかけ、人口が多いところにより多くの政治権力が集中し、ますますそこに人口が集まりやすくなるわけだから、国土全体のバランスからいっても慎重でなければならない。

また、人口の多いところには政治的権利があるのだという論理も検討を要する。例えば国際会議でも、大小の国の違いはあっても、決議をするときには小国も大国もそれぞれに票が割り当てられる。同様に都道府県はかつての藩を踏襲してできているので、各選挙区から出る代表には単に人口規模だけで大きな差が出ないよう配慮したからそうなっているはずだ（もっとも近年は、選挙の実施体制という問題のほうが強く絡んでいそうだ）。しかしその後、とくに戦後の高度成長期を経て人口配置が大きく傾き、東京一極集中、大都市圏集中というアンバランスが生じてしまった。その上で、ここでさらに、人口集中にあわせて政治的権限を再編成せよというのでは、地方からすればあまりにも乱暴な話だろう。ここにも「選択と集中」論が別の形で現れている。

もちろん一票の格差が生じているのは問題であり、それは改善されなければならない。かといってその方法が地域枠の撤廃しかないのかといえば、そうではないはずだ。一票の格差という現象が生じたのは人口移動の結果なのだから、対案の一つは「一票の格差を解消するために、中央に集めすぎた人口を地方に戻して下さい」ということになるはずだ。もちろんかといって、移動してしまった人口を元に戻すことはもはや不可能である。

だとすれば、あとはそもそもの選挙のルールを変えていくしかない。そして選挙は選挙人名簿に基づき、選挙人名簿は住民基本台帳に基づくから、これもまた「住所は一つ」によっている。そしていまや日本の人口は首都圏および大都市圏に大きく偏っているので、選挙人も当然そこに集中してしまうわけだ。その集中を調整するために、都道府県枠をはめながらも、人口集中したところに少しずつ議席を移していこうというのがいまのやり方だが、そのやり方では人口集中したところにますます権力が集まることに変わりはなく、地域枠を撤廃しようがしまいが、いまの方法で進めていても結果は同じことだ。

だがもし人々が、居住地にこだわらずに選挙区を選べるとしたらどうだろうか。いま住んでいるところ以外の場所で、例えば自分の出身地の選挙区で投票できるとしたら。全く違う選挙人分布が現れてくるのではないだろうか。

そしてこれは住民の側からみても、意味のある話になるはずなのだ。いま、投票率は下がり、選挙にみな行かないという。とくに三大都市圏やその周りでより低い。だがそれは考えてみれば当たり前の話だ。

選挙権は住所と連動するが、大都市圏では地方出身者も多く、また日中活動しているのは居住地から離れた都心だ。同じ自治体で生活と仕事の両方をしている人はもはや少数派だろう。都会では政治家との関係を結ぶことが難しいということもあろうが、それ以前に住所をおいている場所が必ずしも自分が関係したい（自分にとって意味のある）自治体ではないことが問題の核心ではないか。投票する選挙区は自ら選んだものではなく、たまたま住んでいるからそこで投票せねばならなくなっているだけだ。

帰属を感じていない地域への関心が低いのは当たり前で、逆に住民票のない勤め先の自治体政策のほうがその人にとっては死活問題であるかもしれない。いまの制度は、夜寝る場所と決めてしまえば、その場所で強制的に税金も取られ、選挙権もそれ以外には認めないというものになっている。それに対し、選挙する先をそれぞれが選べるのだとしたらどうか。とたんに政治意識が変わり、投票率も選挙の様相も変わってくるのではないか。

そしてこうした反論にもっとも同調してもらえると思うのが、いまの国会議員自身だと思うのである。議員はそもそも二カ所居住をしている。東京にも選挙区にも両方に同じくらいの程度で住んでいるはずで、場合によっては東京のほうが居住のウェイトが高い人もいるだろう。

安倍首相自身がそうなっているはずだ。だがそれは当たり前なのだ。そう強いられているのだし、そういう仕事、そういう役割なのだから。制度を厳密に読み込んでいけば、国会議員のこの振る舞いこそがおかしいということになりかねない。だがこれは制度のほうが、実態やあるべき姿に適合していないのであって、人々の振る舞いが悪いのではない。ならば制度のほうを調整すべきである。一票の格差論が進めるような単なる数あわせではなく、選挙の制度そのものについて改良を施すことで格差も是正され、国民の投票行動も政治意識も大きく変わる可能性がある。

こうして、この二重住民票の提案が引き起こす重要な問い、「住民とは誰か」は、「可哀想な原発事故避難者を助けてあげよう」というレベルを超えて、もっと広い問題につながる論点を提供するのである。この問いはこの国の民主主義や政治参加、地方自治の新しいあり方につながる問いだ。ルールを変え、住民を見直し、地域のあり方を変えれば、そこから政治の姿、国家のあり方が変わってくるかもしれない。

†住民と自治体の関係を、権利・協働・所属からとらえなおす

そして、日本の地方自治体がこれまで、自治体としてどうにもうまく機能せずにきたことにもこの問題は関わっている気がする。それは次のようなことが考えられるからである。

「住民であること」に付帯することには一般に、ⓐ行政サービスを享受すること、ⓑ税を支払うこと、ⓒ選挙権を行使することの三つが、生活に直接関係するものとして挙げられる。だがそもそも私たちがこのような考え方になってしまっていること自体が、自治体を自治体たらしめず、単なる国家の末端機構という立場に貶《おとし》めている最大の原因なのではないか。というのもこの三点では自治を機能させる回路は形成されない。住民は税を納め、選挙でリーダーを選び、サービスを受ける。ここにはただ行政サービスを運営する回路があるのみだ。

この機会にこのⓐサービス、ⓑ税、ⓒ選挙を、もっと自治体の原義に戻し、あらためて自治をとらえなおして、自分たちの暮らしの自立を取り戻せるような仕組みにしなくてはならないということだろう。そしてその原義はおそらく、Ⓐ権利、Ⓑ参加と協働、Ⓒ所属の三つになるのではないかと思われる。このレベルで考えるなら、ⓒ選挙権の問題も、そもそもその人のⒸ所属をどうするのかが問われていることになる。

選挙権などという現象だけを見れば小さなことに思いがちだが、どの自治体に所属し、どの政策形成過程に参政権を持つのかということが選挙権の本質だとするなら、国政選挙の地域割りにもやはり重要な意味があるわけだ。地域割りがある以上、その選挙区から出た議員は、その人が自分に投票したかしないかにかかわらず、その人にとっての代表である。選挙区の代表である議員は、少数派も含めて集団としての選挙区の意見を取りまとめる責任がある。これが

Ⓒ所属ということの意味だ。

Ⓒ所属する地域の人々のⒶ権利を守ることが、地方選出の国会議員や県会議員、あるいは知事や市区町村長、市区町村議会議員の務めである。そしてこの権利とは、行政サービスを受ける権利にとどまらず、生存権に関わるものになるはずだ。それも個々の権利ではなく、その地域に所属する人々全体の生存権である。その地域の中ならばどこでも選んだ場所で生きられる。そこで何かがあれば命を救ってもらえる。そうしたインフラを一定水準で確保してもらえる権利である。

むろんこうした権利が認められるのは、その人が所属に伴う義務を果たしていることによるはずだ。しかしまたその義務は、ⓑ税を払っていることだけではないはずだ。その地域に貢献していること、その地の協働に積極的にⒷ参加していることである。そしてこの貢献や協働は、集団へのⒸ所属が認められる限り、その人の絶対的能力に関わらず、様々な形で認められるべきものだ。子どもたちには子どもたちの、お年寄りにはお年寄りの、また例えば心身に障害がある人にはその人なりの役割や存在意義がある。地域社会は包摂の場でもある。そこにいるということだけで立派な貢献になりうるのが地域だ。

国家はこうした国民のⒸ所属、Ⓐ権利、Ⓑ参加と協働を直接受け止める場ではない。国家の成員は一億人をはるかに超え、共同体としてはもはや機能しない。地方自治体がそのサブ社会として自立した共同体でいることが、国民の包摂・共同・自治・自立を実現し、このことが国家が存続していくことの前提条件になるはずだ。

いまやこうした地域とのつながりが切れ、そのために政治的に無力な多数の人々がいる。都市で、首都圏で、郊外で、こうした人が大量に現れ、世代的には若い人ほどそうなっている。この本で問題にしてきた人口減少も、おそらくこのことと深く結びついているはずだ。参政権は自己の能動感、問題解決能力のあり方に深く関係しているからだ。

他方で、地方でも首都圏でも、政治に深く関わっている人々がいる。この人々が自分の利害関係にどっぷりつかりながら政治を動かしている。すべてではないが少なからぬ政治家たちが、自分を、所属する地域の代表としてではなく、選挙の勝利者として意識し、振る舞っている。だからこそ、民主主義の道具（選挙や議会）を使いながらも、現実には専制的であり、端から見ると非民主的な決定が行われたりもするわけだ。このような国民の政治的帰属のあり方、政治的参加や決定との関わり方こそが問題にされなければならない。

「住民とは誰か」に関わる制度を、属性的なものからもっと選択的なものに変えること。このことで、いままでの自治体と住民の関係も変わり、地域の自治も自立もより鮮明な形で立ち現れてくるのではないか。

そしていま描いたような論理の基礎にある考え方は——社会の実態は大きく変わったとして

も、その理念として——ひと昔前の日本の村や町でもおそらく当たり前のことであり、それによって私たちの社会はうまくまわってきたのだ——このことにも注意したい。まして地域社会に「選択と集中」を持ち込むなど、明治生まれの人に聞かれたら笑われる。「誰かを排除するような考え方では、いずれうまくいかなくなるぞ」と。上に立つものはみなの幸せを考える責任があり、社会に所属している以上、どんな人であれ、それ相応に守られる権利がある。筆者もまた明治・大正生まれの村の古老たちに、調査の中でこうした常識を学んだ。突然思いついてこんなことを主張しているのではない。これがおそらく日本の本来の自治の姿であり、日本型の民主主義なのである。

3 「第二の住民」でできること

†第二の住民から始まる新しいゲーム

こうして「住民とは誰か」という問いを進めれば、自治体とは何か、この国における地域とは何か、そもそも自治や民主主義とは何かということに行き着く。

もっとも、原発避難の場合と日常の現実は違う。とりあえず一般には住所を失っているわけではないから、原発避難のように二つの完全な住民票が必要であるというよりは、サブ的なものでよく、あるいは戸籍のリニューアル化なども考えられるのかもしれないし、自治体独自で運用してしまうこともありなのかもしれない。筆者は社会学者であり、制度に詳しいわけではないので、ここではあくまで理論的な話として理解されたい。それゆえこの先も、こうした制度の実現可能性を問うのではなく、住民票の二重化が実現すると何が可能になるのか、思考実験するほうへと論を進めていきたい。

住民票の二重化による「第二の住民」の登場は、自治体の人口問題に関わってどんなゲームを生み出すだろうか。

具体的にはこうなるだろう。

一つ目の住所は居住地におくとしても、その人の実態や考えに沿った帰属先として、もう一つの自治体への帰属を認める。そしてその新しい帰属となるサブ住民票のようなものを自治体に新たに競わせる。

このやり方のメリットは、ともかく人口が形式上倍になるということだ。倍になるので、現行の人口獲得ゲームと違って、ゼロサムゲーム（勝つか負けるか）になる心配がない。新しいパイをつくって奪い合うのだから、各自治体は余裕をもってゲームをすることが可能だ。またすでに十分に人口がいて参戦する必要のない地域はこのゲームには参戦しなくてもよいわけだ。そのことで人口をとられるというのでもない。

そして、この「潜在人口」を明らかにすることによって、各地域にある隠れたつながりや、共同体としての潜勢力を明るみに引き出すことが可能になるはずだ。表向きジリ貧に見えていた地域が実は、その背後にある多くの人々によって支えられていることが分かる――そんなことが多数現れてくるだろう。

†特定のつながりを重視する――高速交通網の特定地域・特定住民の無料化など

だがこうした新しい人口を取り合って、それに従って財政や議席を配分せよということだけが、このやり方が目指すものではない。

重要なことはこうした二つ目の帰属を元に、二カ所の地域をまたがる政策や事業を提案し、人々が大都市や都会だけでなく、地方や農山漁村にも同時に所属し、参加し、協働できるようにすることが目指すべき目標なのだ。要するに、都市化を否定せずに、反都市化・脱都市化・人口分散化を実現することが狙いなのである。あるいは、東京一極集中を否定せずに（国民経済力の強化を否定せずに）、地方の存続・活性化への道を確保するということでもある。

その際の考え方として大切なのは次のことである。

もう一つの地域所属がはっきりすれば、地域間のつながりのあり方が具体的に見えるようになるはずだ。一人一人が二カ所以上の地域と深く関わっていることが示されることによって、自治体の側では潜在していた関与人口が目に見えるようになり、そうした人口向けの新たな政策が企画できるようになる。現在までに進められてきた様々なストック（公共施設や様々なインフラなど）についても、その具体的な使い方をもっと明確に提案できるようになり、国民にもまたその意義についてはっきりと説明できるようになるはずだ。

高速交通網の整備による国土の一体化（高速道路、新幹線、空港など）も、これまでは結局、東京一極集中に寄与する形で行われてきた。こうしたものを今後は、中心に人を集めるためではなく、地方へと分散させるために使わねばならない。そしてそのためには、どういう人に、どの方向に向けてこれらを活用してもらえばよいのかが問われてくるが、二つ目の地域所属が認められることで、それが具体的に見えてくるのではないかということなのである。

例えば、一九九九年から試みられている、国土交通省の道路と交通の社会実験。その中で行われていた高速道路の無料化は、その後、東日本大震災・福島第一原発事故の被災地でも応用され、とくに特定区間・特定住民について、ここからここへの移動は無料にするなどの特例化が実施された。地味なやり方だが、避難した人々のつながりを維持するのに非常に効果があり、評判も良い施策であったとされている。

震災前の高速道路の無料化実験は誰でも利用可能だったので、どこか大盤振る舞いに終わってしまった感がある。しかしこれを震災時のやり方を応用して、特定区間・特定住民・特定期間の無料化・低価格提供が可能になれば、区域外住民でもその地域の住民であるメリットが生まれ、かつその地域に積極的に関わるインセンティブも生じてくるだろう。そのことにより、いまはストロー（吸い上げ）現象にしか貢献していない高速道路や新幹線を、人口回帰に結びつける運用法の探索につながるかもしれない。国民をそれぞれ一つではなく、複数の地域に分散して貼り付けること、それによってインフラの活用幅を広げ、かつ促進させること。そしてＩＴ時代だからこそ、それを可能にする技術もあるはずだ。

†里帰りを積極的に支える

その際に、私たちがいまもっとも早急に考えねばならない具体的課題が、お盆と正月の里帰りの扱いなのかもしれないのである。

お盆と正月の全国大移動は、この複数地域所属という問題が今後どのように展開するのかの象徴的な事案になるだろう。

いまのやり方では、すべて経済原理に基づいているので、盆や正月に帰るとふだんよりも料金が高くなり、また戻ったふるさとのほうでも里帰りを狙って金稼ぎの対象にしてしまったりもしている。しかし帰るほうにとっては、年に一度、二度の大事な休みの機会だ。だが、せっかくの休みなのに高速道路は渋滞し、新幹線も立ちん坊。空港も人がいっぱいでしかも高価格。ふだんよりもサービスは悪いのに料金はいつもより高額にとる。これでは苦しい。「ふるさとに帰るのは来年はよそう」。そういう気持ちになるのも時間の問題ではないか。

移動しなければならない人々なのであり、そして特定の場所と結びついているだけなのだから——そこには制約があるのだから——その移動についてはもっと楽にしてあげればよいのだ。回帰は経済原理で行われるものではない。足元を見てその水脈にたかっていたらやがてその水は涸れてしまうだろう。これに対し観光やIターンは選択しているのだから、そこには経済原理が働いてもよい。そこをしっかりと切り分ける必要がありそうだ。

いや、観光やIターンも多分、すべてが経済原理とはいえないだろう。やはり回帰につながるものもあるはずだ。そもそも地方から大都市圏への移住は経済原理で行われたものだから、これを経済原理で元に戻すことなどできようはずがない。回帰は回帰の原理で実現しなければならない。そして回帰が実現することでおそらく、人だけでなく、経済も正しく循環するようになり、この国の健全さを取り戻すきっかけが生まれてくるだろう。

この問題はどうも、第1章で人口減少の要因として取り上げた、日本社会の時間の使い方や余裕のあり方にも関わるものでありそうだ。

リゾートや観光開発ではなく、まずは盆、正月休みをどう楽にするかが、地方中央問題に取り組む際の本命なのではないか。ヨーロッパのバカンスに相当するものが里帰りである。里帰りをどれだけ余裕を持って、しかも楽しく、郷土と深くふれあえる機会にしてあげられるか。出産や冠婚葬祭なども同様に考える必要があろう。人が集まり、交流する大事な機会であり、また人々はどんなに制約があっても集まらねばならないのだ。

そしてもはや自分にはふるさとがないという人には、新しいふるさとをつくる手助けをしてあげればよい。上流の階層の方々には避暑地や別荘という選択があるが、大都市に暮らす庶民にもそうしたものが必要なのだ。そしてこのような視点で見ていけば、リゾートや観光で目立った功績を挙げている場所もやはり金儲けではなく、そのような視点で——リピーター確保の取り込みや第二のふるさとづくりとして——取り組んできた場所が多いはずだ。「里帰り」こそが、日本の中でリゾートやグリーンツーリズム、さらには観光を考える際の基本理念となるべきものだった。ゴルフやスキーや温泉、あるいはおいしい食事や「ふるさと名物」などは、この理念を実現するための手段であるべきだ。

空き家の活用といった問題もこうしたこととあわせて検討される必要があり、加えて耕作放棄地の活用、帰農、山村留学、転地療養やターミナルケア、地産地消や産地直送、循環型エネルギーや地域発電など、その他様々な方策と抱き合わせて考えていくことが可能なはずだ。そしてそうした実践は、政府と自治体が密接に協力し、制度の改良も含めて試行錯誤することが前提であり、しかもそこに国民一人一人の意見が十分に反映されねば有効な変化にはつながらないだろう。そしてその試行錯誤が持続可能な仕組みへと早くたどり着くには、その可能性を探索するためのモデル事業を各地で提案し、実施すること（第4章で例示したような問題解決型の社会実験モデル事業）がやはり有効だと思われる。

†ふるさと納税は地域とのつながりをつくるか？

ここで、「ふるさと納税」について検討しておこう。

「ふるさと納税」は二〇〇八年に始まり、ちょうど増田寛也氏が総務大臣であった時期にあたる。増田レポートでも、「東京圏在住者に特定地域を意識させ、その地域を支える具体的な行動を促すのにこれ以上の仕組みはない」とし、「東京圏において「ふるさと納税」のキャンペーンを今まで以上に強力に展開し、「ふるさと納税」を特定の自治体に継続的に行った者には、地域を支えてくれる将来の移住候補者として、きめ細かな情報提供を行うべきだ」（五八頁）としている。

だが、またつい最近、同じく元総務大臣の片山善博氏が喝破したように（「自治を蝕む「ふるさと納税」」『世界』二〇一四年一〇月号）、これは結局は減税なのである。ふるさと納税としてある自治体に寄付すれば、元の自治体に納入した税が軽減される。しかもその軽減で回収できない部分も、地域によっては特産品などの「見返り」があり、「ふるさと納税」をしてこんなに得をしたという体験が、雑誌や書籍などで紹介されてしまうような事態になってしまった。

この制度の普及には筆者自身も協力したほうだから、その精神が地方を支えようというところから始まっているのはよく分かる。だが結局はここでも、自治体間人口獲得ゲームと同じことが起こっていて、「ふるさと納税」を少しでも集めたほうが勝ち、取られたところが負けという争いになっている。かつその勝者も大した勝者でもないわけだ。

結局、得をするのはお金や時間に余裕のある納税者だけである。金銭に余裕のない人々には縁のない話だし、遊びとしてはあってもよいが、このような遊びに付き合っていられない自治体にも無縁のものに見えるだろう。そしておそらくこういうことに参加してくれる人は、こんなものがなくても始めからその地域に協力してくれている人か、あるいは逆に得になるから関わっただけで地域には何の関心もない人かのいずれかではなかろうか。

そもそも税金を払ってくれた人（だけ）が、地域への貢献者だという発想に問題がありそうだ。むろん寄付はありがたい。しかし地域への貢献にはもっと多様なやり方があり、そして多くの人が現実に貢献してもいるはずだからだ。

二重住民票のような形で提起される二つ目の地域所属は、ふるさと納税のような損得関係ではなく、地域に関わる協働や協力を醸成し、地方と中央の、都市と村落の関係をより積極的なものへと発展させるものでなければならない。

回帰の目標を見定める

すでに中央と地方をつなぐハードは十分に揃っている。むろんまだ一部の高速道路や鉄道には不揃いもある。しかしもはや日本全国どこでも一日あれば、その日のうちに行き着くことは可能だ。

そのハードの活用に、いままでとは違うインセンティブを与えることで、これまで周辺から中心へと流れ出していたものを、逆に中心から周辺へと戻していくことが目指されなければならない。そのような制度的枠組みを構築する必要がある。

もはや中央と地方は一体だ。だからこそ、人口のアンバランスも生じた。しかしこれを元に戻すことはできないので、今後はさらに中央と地方の距離を縮め、どちらかではなく双方を充実させ、活性化させる方策を探ることが必要だ。そのことによって新しい循環を引き起こし、悪循環を正循環へ、さらには好循環へと押し返すことを目指さなければならない。

私たちはあまりに大都市・中央に人口を集めすぎた。今度はこれを地方に戻していく必要がある。しかも世代的にはちょうど戦前生まれ世代がその席を立ち始めているときだ。人間の入れ替えという意味でも大事な転換期である。このことを明確に意識し、政策化する必要がある。そしてこれが私たちの目下の課題である人口減少を食い止めることにもつながるはずだ。

もっとも、地方への分散・回帰は、高度経済成長の中で過疎・過密問題が発生してのちの長い間の国の懸案であり、その対策を模索しつづけてきたものでもあった。

では、これまでいったい何が足りなかったのか。筆者の見立てでは、それは分散・回帰の目標だったように思う。

集中・発展政策は、目標地点を一点に絞れるので政策・事業になりやすい。今回の増田レポートが実に歯切れがよいのもそういう理由による。別にアイディアが良いからではない。「地方中核都市への集中投資」は、分かりやすく、事業化しやすいメッセージだ。これに対し、分散・回帰政策は目標が見えづらく設定しにくいので、どうしても集中・発展政策に対して後手になり、打つ手打つ手が裏目に出てしまう。分散・回帰策はそもそも政策化しにくいのだ。だが今回こそはそれを克服しなければならない。

とはいえ、回帰政策も、分散の目標さえ設定されれば、その先はそれほど新しい事業は必要ではないはずだ。すでに回帰のための政策・事業メニューは様々に積み上げられてきた。私たちは、それらを実現可能な枠組みにさえ乗せればよいのである。

分散や回帰の目標を、住民の二重化のようなやり方で「見える化」すること、このことがここで提起している中心論点である。逆に、目標なしの分散・回帰政策はやみくもな施策展開になりかねない。ふるさと納税はその典型だ。経済原理、市場原理で進めれば、本来、循環・回帰を目標としていたはずのものも、結局は一部への集中や勝ち負けを帰結し、最後は共倒れを導くことになる。私たちがやらねばならないのは互いに勝負をすることではない。みながうまくいくこと、共生なのである。

†ダブルであって無理のない制度へ――持続と循環の仕組みをつくる

しかし、なぜここまで話を発展させねばならないのだろうか。「なんでこれほど地方のために?」という声も聞こえてきそうだ。だが、これは「国家」の選択なのである。そして、「選択と集中」が東京を守る側から提案された国家の選択肢だとすれば、地方の側からも自分を守る別の選択肢を示すことが許されねば、フェアではないはずだ。その一つのアイディアをこの章では紹介した。もっと色んな選択肢が提起されねばならないだろう。

そしてそのためにもさらに、私たちはいま次のような大きな転換期にいるという自覚が必要なのだ。

これまで、地方の国への関わり方が、経済発展という国策への協力であった(甲)とすると、それを今後も続けるのか、それとも持続可能性と多様なものの共生(乙)を地方の目標とするのか。いま地方のあり方をめぐって、私たちはこの甲乙二つのどちらをとるのかの選択を突きつけられている。増田レポートが示すものは甲である。だが別に甲は至上価値ではないのだから、乙という選択を採用してもよいはずだ。

もっとも甲は甲で必要なのだから、甲と乙をいかに国民の間で、あるいは国民一人一人のうちで両立させるかということが必要なのであり、言い換えればそうした「二重性」(ダブルであること)をどう具体的に実現しうるかということでもある。いや正確には、これまではそれを実現してきたが、それをさらに今後続けていけるのかが微妙な状況になってきたということなのだ。このままでは甲も乙も達成できず、我が国は破綻する。どうしたらこの隘路をかいくぐって、持続可能な仕組みをつくれるのかということになる。

「住民とは誰か」という問いは、所属が実際に多重になっており、またならざるをえないいまの——これからの——国民生活を、いかに困難少なく、矛盾なく持続できるか、そこへとつながる道をたずねる問いである。さらにいえば、この二重性が耐えられなくなって、そのうちの一方を切り捨てざるをえなくなっていることからくる歪みや苦しみが、過疎問題や人口減少につながっているのだと考えなければならない。

だから、人口減少を押しとどめ、地方消滅をいかに回避できるかは、二重三重の生活を無理なく可能にする仕組みをどうつくるかにかかっている。そのように答えを導くことができるはずだ。そしてその答えを実現するアイディアの一つが二重住民登録という制度であった。だがここで、なぜわざわざそんな基本的な制度まで見直さねばならないのかという声が出るかもしれない。

それにはこう答えておきたい。私たちが抱えている問題は、心理的社会的問題なのだ。そして制度とは、法的な決まりごとや権力統治の手段である以上に、きわめて心理的社会的なものなのである。こういってもよい。制度が心や社会をつくり、また心や社会が制度をつくる。制度は単なる決まりごとや権力行使のための装置ではないのである。いまその制度が心を縛り付け、あらぬ方向へと現実社会を引きずっている。制度を変えることで、人々の心を解放し、希望ある未来の目標に向けて社会としての力を合わせていく、そのような道へと人々の歩む路線を転換しなければならない。

ある制度が明確に打ち出されることによって、その社会の方針が人々に共有され、個々の暮らしが明確な目標に向かって動き出すことがある。私たちには、いま経済成長以外の目標がない。それどころか経済成長も、もはや一部の人たちが信仰しているだけで、私たちは目的を失って漂流する大量の民に成り下がってしまったかのようだ。私たちの暮らしに明るい方向性をビシッと印象づける、そうした政策・制度が欲しい。アベノミクスは政治主導で、国民にとってはただ与えられたもの／強いられたものというだけに見える。もっと国民の暮らしに沿った、誰もが積極的に参加したい、関わりたいと思えるような国家目標が出てこないものだろうか。それに向けて協力しあい、またその協力が生きがいや充実感につながるような。

そうした目標の一つとして、「ふるさと回帰」や「田園回帰」が位置づけられていく必要があるのだろう。誰もが都市と農村に関わり、地方と中央を行き来し、自由にこの国のインフラを活用して、色んな生き方を実現していくこと。そしてそういう社会づくりを目指すことは、いまの気運の中では、多くの人々の共通目標として、すんなりと受け入れられるものでありそうだ。

むろんそうした新しい社会の選択のためにはおそらく、ここで議論した人口の問題とならんで、土地や教育、産業や文化といった様々な問題も一緒に検討される必要があるだろう。明治維新以来の制度ややり方がいまや現状と齟齬《そご》を引き起こしつつあり、おそらくそこに改革の手を差し向ける必要がある。だからここで述べている論は保守ではない。むしろもっと大きな変革を求めるものだ。

ここでの回帰は本当の意味で元に戻すのではなく、その先へとさらに進んでいこうとするものである。私たちは変わってしまった。変革は避けられない。元のままでは存続できない。だがその改革のラインは間違えずに見きわめる必要がある。そのためにもとにかくいまは選択肢を増やし、様々な可能性を吟味していくことが大切なのである。

4 「財が財を呼ぶ」から、「生きているもの」の論理へ

†経済の原理から共生の原理へ

「選択と集中」が経済の原理に従うものであるなら、それに代わる路線が示す基本原理は「共生の原理」だろう。こうした原理の選択もまた一つの選択であるべきだが、最後に、この二つの原理の関係についてもう少しだけ言及しておきたい。

ここでは経済の原理と共生の原理を、あるいはまた「選択と集中」論と「多様性の共生」論を、いわば対立関係にあるものとして示してきた。しかしながら、この二つの原理は本来対立するものではなく、むしろ一方が他方を包含する関係にあるものだ。その二つがなぜ対立し、どちらかを選択しなければならなくなったのだろうか。

経済の原理は、共生の原理の一部である。例えば経済原理で動いているように見える商売だって、実は経済原理だけで動いているのではない。いまはかなりのものが純粋な経済原理になってしまったが、本来はそうではなかったはずだ。

例えば昔は店が閉まっていても、必要ならガンガンと叩いて開けてもらったりしたものだ。またかつては客の出入りに関係なくいつまでも開けている店もあった。純粋に経済原理だけでやっているならそのようなことはしない。「店を開けていないと困る人がいるから」開けているのである。

逆に、経済原理のためだけに、すなわち金儲けのためだけに開けている店は地域の商店としては成り立たない。いや成り立ったにしても、「あそこは冷たい」「強欲じじい」などと陰口をいわれたりするものだ。それに対し、いまや何時から何時と決めれば、もはや「子どもが急に熱を出して」にも対応できず、さらにいえばインターネットの店ではまさに、金儲けだけのために店を開けてはいないだろうか。それどころか、商売人はかつてよりももっと頻繁に家の中に、あなたの心の内部にまで侵入してはこないか。あなたの携帯電話には、あれ買え、これ買えと、こちらの都合に関係なく、誰かの欲望がべったりと塗りつけられているのではないだろうか。

私たちはいま地域という所属を失いつつある。家族さえ壊れつつある。その中でとりあえず企業という集団ぐらいは健全と生き残っているが、バラバラになった私たちは、その企業の経済活動の標的くらいの価値しかなくなってしまったかのようだ。もっとも企業もまた経済原理だけで経営しているところはないはずで、企業も店も地域や社会との関係の中で成り立っている。まともな企業であれば、今も必ずそういう意識で経営されているはずだ。

私たちは本来多重の存在であり、経済原理のみならず、地域の原理や家族の原理でも生きている。これらを調整し、上手にバランスを保っていこうというのが、これらの上位にある共生の原理である。そしてこうした多重の所属を通じて共生を図り、社会を保っていく調整法は、失ったですむものではなく、なくしたならば取り戻さねばならないたぐいのものだ。でなければ私たちは生きていくことはできない。経済原理のみでは生きられない。にもかかわらず、経済原理の見かけの合理性に引っ張られ、特定の時間や空間を離れて自由に浮動するものがもっとも正しいものであるかのように、勘違いしはじめているのではないだろうか。

私たちは自分たち自身をいま一度、特定の時間・空間に引き戻し、多重の存在であることを再認識し、多様なものが共に生きるあり方へと帰っていく必要がある。経済の原理か、共生の原理かはおそらく、どちらをとるべきかという単純な選択肢ではない。経済の原理を採用し、「選択と集中」の道へと向かうということは、大事なものを多数削ぎ落とし、投げ捨て、あるものに特化した道へと進んでいくということである。そして「多様性の共生」を選ぶこととは、そのような無謀な選択を戒め、生きている自分たちの本来の姿を確かめて、無理のない暮らしのあり方を取り戻していくことにほかならない。

†財は人を生まない

「人が増えない」から「財が増えない」のは確かにありうる。これは論理的にもまた現実にもそうだろう。

だが、逆は真ではない。

逆とは、「財を増やせば、人が生まれる」ということである。増田レポートの論理はそうなっている。それどころか、多くの人もいまそう思い込んではいないか。

だが、間違っても「財が人を生む」ことはない。「人が財を生む」ことは確かにあるが、逆は真ではない。これは鶏と卵の関係ではない。

そもそも財では人は動かない。コントロールはできない。あなた自身がそうではないか。

例えば電車で座った席の前に、お年寄りが立った。そのお年寄りが、「席をゆずれ」と千円札を差し出したとしたら――「絶対に席をゆずるまい」と思うだろう。他方で、あなたが席をゆずるとすれば、それは「お互い様」だからではないか。

財では人は動かない。財で動くと思っているところに、いまのこの国の最大の欠陥が潜んでいそうだ。

ただし、「財は財を呼ぶ」。これは真だ。とはいえそこには註が必要であり、一方で財は吹きだまりのようにあるところに集中し、他方で、ある人々から財を引き剝がし、両者の間に格差を生じていく。「財が財を生む」のではない。財はただ財を呼び寄せるだけだ。あるところから剝奪し、別の一点へと集中するのだ。

あるいはまた「財が財を作る」現象も確かにあるだろう。投資を募る呼びかけには、そうした論理が広く使われているはずだ。しかしそれは錬金術のようなものであって実態からはかけ離れている。それは「財が人を生む」論理と同じく倒錯していて、これらの論理が現実を凌駕すると、現実のプロセスのほうがひっくり返ることになる。

おそらく経済至上主義・財政至上主義と、少子化人口減少社会との関係も、これに似たものなのだ。私たちがいつの間にか受け入れてしまっている、この「財が人を生む」「財が財を生む」論理を、いま一度「生きているもの」の論理へと正常に引き戻す必要がある。

この間違いの起点はどうもバブル経済のあたりに発している。バブル経済こそ、「財が財を呼ぶ」「財が財を作る」現象であり、最後はまさに水泡（バブル）へと帰した。だがどうもこの失敗のあとから、私たちのとった道は妙な方向に進んでしまっているようだ。

経済や国家ではなく、人や暮らしにあわせて政策を考えていく必要がある。制度や政策のほうが人に合わせないから、人口減少という、静かだが、着実な形で、この日本社会のシステムに人々が抵抗を示し始めている。この抵抗を解き、人や暮らしの側に立って、日々の生活を自由に活き活きと営めるようにすること。それがいまの私たちにとって、もっとも適切な選択肢になるのではないだろうか。

†生きているものの論理から

「生きているもの」は、本来的に「生まれるもの」でもある。人は、生命は、何かをたえず生み出す。何かを生み出すものこそが生命だ。この地球に光があり、水があり、引力があり、物質が混ざり合って生命が生まれた。そして生命が編み出した光合成は、バブルでも錬金術でもない、まぎれもない現実であり、この現実があって初めて我々の暮らしはある。農耕があり、漁労があり、また牧畜があって、その上で工業が可能になり、商売やサービスを担う生業も成り立つのだ。

逆にいえば、この現実感覚から、私たちの生活があまりにも離れてしまっており（とくにいま子育て世代にあたる人々、そして大都市、首都圏）、それがおそらく不安の本当の正体なのである。だからおそらく、収入は低くとも、安定した農家にはあまり不安はないのだろうし、また逆に農を営んでいるといっても、投機的な農業経営者にはたえず不安がつきまとうのだろう。

そしてこの不安を生み出している根源を突き詰めれば、それはどうもやはり「戦争」のようなのだ。この国と他の国々との間の戦争。もちろん私たちの周りに戦死者はいない。だから気づかないのだが、どうもこの静かな戦争によって、「生まれてこない」という形で、大量の死――生まれもしない死、生にもならない生――が、私たちの目の前には展開していたようなのだ。

もう、この戦いはやめねばならない。その警告に、「人口減少ショック」がなるのなら、私たちにとって非常に大事な機会になる。だが逆に、この戦いをさらに続けるために、「人口減少ショック」を使おうとしている人々もいるようだ。

私たちの前にはまだちゃんと別の道がある。すでにその方向へと転換をし始めている人々もいる。もちろんこの戦いは戦いで向き合わねばならないものであり、全面撤退もありえない。だがひとまずは矛を収め、成長の限界を認識し、戦線を縮小して無謀な行軍を中止すべきだ。それこそが私たちが生き残る道であり、もっとも必要な回帰である。こうしている今も犠牲は増え続けており、回帰は早ければ早いほどいい。そしてそれは単に昔に戻るのではなく、まして逃げるのでもない。現実に即した新しい社会を編成し、持続可能なプロセスで新たな循環をつくることだ。それはまた私たちにとって生き甲斐のある暮らしや誇り国家を新しく再構築することでもあり、きわめて意義ある挑戦なのである。

終　章

新しい社会を選べるか

左：青森県鯵ヶ沢町一本木集落。かつては藩主が通る道筋でもあった。
ここから見る岩木山の形はどこから見るよりも独特。
右：高齢化の進む多摩ニュータウン（毎日新聞社提供）。

†地方創生はどの道筋で？

本書の原稿をほぼ書き上げた二〇一四年九月二九日、臨時国会で安倍晋三首相が所信表明演説を行った。「災害に強い国づくり」「復興の加速化」の次に掲げられた項目が「地方創生」である。そしてこの国会をこう位置づけた。「この国会に求められているのは、若者が将来に夢や希望を持てる地方の創生に向けて、力強いスタートを切ることです。皆さん、一緒にやろうではありませんか」。

そのために「まち・ひと・しごと創生本部」が創設されたのだという。そしてさらにこう付け加えている。「伝統ある故郷を守り、美しい日本を支えているのは、中山間地や離島を始め、地方にお住まいの皆さんです。そうした故郷を、消滅させてはならない。もはや時間の猶予はありません」。

ここで注目すべきは、地方消滅はあってはならないという点が、あらためて強調されたことだろう。

すでに触れたように、安倍政権の地方政策と増田レポートとを同一視して行われている批判がある。しかし両者を比較すると、「地方消滅を認め、切り捨てやむなし」とするのか、それとも「地方の力を信じ、しっかりと持続するべく支えていこう」とするのか、その大事な議論の分岐点で方向性はまるっきり異なるものと筆者には見える。むしろ両者を同一視することで、政府のラインを増田レポートが主張する路線に追い込むようなことだけは、決してやってはならないことだ。

だが、確かに両者は一見、似てもいるのだ。いったいなぜか。所信表明演説でも、結局は「成長戦略の実行」が強調され、その戦略も地域産品の創出や外国人観光客の増加であり、ここにきてさらに経済を大きくすることが求められている。さらに「ふるさと納税」がその切り札にされている。二〇〇〇年代以降の路線は変更されず、それどころかこの成長路線を拡大し、そこに貢献するよう地方に求めている点では両者はどこかで共通するようだ。

筆者は安倍政権と増田レポートが同じ方向を向いているものとは思わない。しかしいずれにせよ、このままのやり方で地方が再生するとも思えない。「地方創生」のためには、増田レポートとは一線を画した、もっと大胆な一歩を踏み出すことが必要だ。これまでの路線への反省を含め、もっと幅広く議論が活性化され、様々な対策が可能になるよう、政府にはさらなる努力を望みたい。

そして、人口減少対策についても同じことが感じられる。所信表明演説には「成長戦略の実行」という項目がある。そのトップに「女性が輝く社会」が掲げられ、増田レポートでは人口減少対策とされていた「待機児童ゼロ」や、「子育て支援員」がここで示された。安倍首相の演説では要するに、これらは人口減少対策ではなく、経済成長に参画する有能な人材動員を求めるための方策として示されたことになる。

経済成長と人口維持は、もはや両立しえないところまできている。それでもなおそのバランスを今後もとっていくのなら、経済領域への優秀な人材の社会動員を図ることとは全く別立てで、家族や地域の再生をしっかりと政策形成していく必要があるだろう。そしてこの点でも増田レポートと安倍政権は似て非なるものであった。増田レポートは女性の社会動員をイコール人口減少対策であるとしていた。安倍首相は両者を切り離し、男女共同参画を経済成長戦略として位置づけている。筆者は安倍首相の考えのほうが論理的に正しいと信ずる。そして、人口減少対策は今後もっと別により明確な形で示されていくはずだ。そう期待する。

†つくられた限界集落問題

筆者が以前『限界集落の真実』で論じたように、「限界集落」問題は、二〇〇七年参院選で小泉・竹中改革が地域間格差をいかに広げたかという批判材料として取り上げられ、人口に膾《かい》炙《しゃ》するようになった。しかしこの時点で、「高齢化が理由で消えた集落」はなく、いわばつくられた問題としての色彩が強かった。だが「限界集落」の語をつくって注意喚起しようとした提唱者の意図に反し、その後の議論は、集落消滅を避けられない既定路線であるかのように取り扱っていった。筆者はこの書の中で、このことに強い警告を発しておいた。

いま同様に、「地方消滅」や「自治体消滅」の問題が私たちに投げかけられている。そして今回もおそらく「地方消滅」や「自治体消滅」は起きない。ただしそれは、私たちが適切にこの事態に対処すれば、である。しかしこうした破滅予言に煽られて、よからぬ方向へと引きずられれば、そのときこそ「地方消滅」や「自治体消滅」は現実のものになるだろう。そして今回も、地方消滅が既定路線であるかのように扱われつつある。いままさに地方中央問題は大きな山場を迎えている。私たちは時代分析・社会診断をしっかりと行い、間違いのないようにその対応を見きわめる必要がある。

リスク時代には、こうした未来の危うい予測に対して、適度な緊張感を保ちながらも、しっかりと希望を持って、丁寧かつ慎重に事を運び、人々を適切な未来へと誘導していく――そういう姿勢が必要となる。「決め打ち」は絶対にあってはならない。まして「どうせ消えるのだから」というやけっぱちも許してはならない。とくに「選択と集中」のような単純すぎる論理には気をつけることだ。世の中は複雑に構成されているので、簡単な原理ですべてを解決しようという提案ほど危ういものはないからだ。

優しい顔の裏には悪魔が潜んでいる。増田レポートにはどうもその気配がある。これも「ダブル」なものの一つだ。どんなものであれ二面性を持ちうることに、私たちは注意を払う必要がありそうだ。物事はすぐに反対のものへと展開しうる。そして私がここで示してきた論理にしても、そうした危険性をはらんでいるかもしれないのである。

†明治以来の大転換――どちらに舵を切るのか

ところで戦後日本社会の成功は、超高齢社会の実現による、戦前体制（農山漁村、伝統型都市、低次産業）と戦後体制（太平洋ベルト地帯および首都圏、高次産業）の長期的なハイブリッドにあったと筆者は見ている。いわば二面性そのものにこの国の成長の秘密はあった。その片翼である戦前までの伝統的体制が、人員交替の時期を迎えている。いかにしてこの体制を維持し、バランスのよい社会を今後も維持できるのかが、私たちが抱えている最大の課題だ。そしてこの事態を見通すキーワードは、家族・地域・世代であり、また社会の持つ主体性と見る。これが筆者が『限界集落の真実』や『東北発の震災論』で論じてきたテーマだった。

「地方創生」もまたこの文脈で考えたい。国家を一元的に統一するために――強い経済国家とするために――家族を世代間で広域住み分けしてきた結果として現れてきたものが、限界集落（大野晃氏）であり、消滅可能性都市（増田レポート）であり、人口減少不安定社会である。だから、安定社会を取り戻すことができるかどうかは、日本の歴史ある環境・社会・文化を家族や地域の再生を通じて引きつづき継承し、戦前と戦後のハイブリッド体制を持続可能な形で世代転換の中に再編成できるかにかかっている。それゆえ、その変革は地方に限らず、大都市も首都圏も、そして政府も国会も省庁もすべてが関わるものになるはずだ。

要するに、もっと大きな革新が必要であり、それは明治維新以来突き進めてきたこの国の「近代化」路線の軌道修正なのだ。「富国強兵」のうち「強兵」は前の敗戦で解消した。今度は「富国」路線を解除すること、すなわち明治以来、約一五〇年近く掲げてきた目標を新たに別のものへと転換する必要があるということだ。その大胆な改革をこそ、政治に携わる方々には大いに議論し、実現可能性を追求していただきたい。でなければ犠牲はますます大きくなり、私たちはおそらく数十年後に大きな後悔の念にさいなまれることになるだろう。

†コンパクトシティの正しい理解

ここで、コンパクトシティについて触れておきたい。

コンパクトシティとは、都市がその外延を拡張したことにより中心部の空洞化や維持管理コストの肥大化を引き起こしたことを反省し、自らの持続可能性を追求すべくさらなる拡大をやめ、都市をコンパクトに縮小しようと提案する宣言であった。一九九〇年代にスタートした議論である。そこには都市の「成長マシーン」としての無限拡大を戒める思想が込められており、都市と農村が持続的に共生していくためにも、都市が自身の拡大を否定し抑制する必要を示すものであった。

ところが最近ではこのコンパクトシティ概念が拡大解釈され、農村を都市に集約する議論にまで転化してきているようだ。ここにもまた数の論理、経済性の論理だけで現象を見ることからくる倒錯がある。

コンパクトシティの考えを日本の都市政策に最初に導入した、佐々木誠造元青森市長の言葉を引いておきたい。ちょうど増田レポートが大きな波紋を呼んでいる二〇一四年七月、筆者は久しぶりに元市長にお会いした。その際に、「コンパクトシティ」とはいったい何だったのかを尋ねてみたのである。

佐々木誠造氏の答えは明快だった。「私の市政では四つの理念を掲げた。循環、持続、協働、自立。これを実現するのがコンパクトシティです」。

そしてこの四つの理念の関係についてこう述べている。「持続可能であるためには、循環が起きなければならない。循環は協働で生じる。行政だけでできるものではない。そして協働は、市民の自立があってはじめて可能なものだ」。この論理は、この本を書くにあたってもつねに意識させられた。この四つの理念から発想する縮小社会論はこうなるはずだ。

社会は持続しなければならない。持続のためには、様々な循環が必要だ。そして循環が成り立つには、そこに様々な主体の協働が必要であり、その協働の基礎には自立がある。そして自立のためには各自がコンパクトでなければならない。農村は農村で、都市は都市で。それぞれの地域が小さく自立していることで、協働が生じ、循環が可能になり、持続可能な縮小社会は実現する。

増田氏の議論の中でも、「コンパクトシティ」は重要なタームとして登場する。しかしそれは、地方中核都市に資本や人材を投入することで防衛線を張ろうという構想につながっており——コンパクトにするために拡大する——言葉として矛盾に満ちている。本書ではダブルであることを認めようと主張してきたが、論理矛盾を認めようというものではない。そしてこうした論理矛盾がしばしば登場するのは、増田レポートの論理がきわめてクリアで、一元的な価値しか認めていないからのようだ。一つの価値しか認めなければ、現実は多重にできているのだから、当然のことながらその論理は実態と相反することになる。実態とズレを抱えた論理で政策をつくれば、現実の安定性を大きく損なうことになるだろう。

増田レポートには決定的に「自立」の論理が欠けている。だから「協働」もない。それゆえ「循環」もなく、「持続」性がない。代わりに「成長」があり、「選択と集中」があり、それを実現するために「排除」が許され、多様性を認めず、強要があり、だからこそ「依存」も生まれていく。筆者は、この先にはどうしてもこのレポートが主張する「成長」を展望できない。見えるのは破局だ。佐々木氏と増田氏の二つのコンパクトシティ論の間には、基礎となっている思想の差が現れている。

コンパクトシティという同じ言葉で表現される論理にも二つの顔がある。重要なのは施策の看板ではない。それが向かおうとする方向性であり、いざなう哲学だ。その哲学の選択をいかに行うかが重要なのである。二〇一五年以降のこの国の進む方向はどのような哲学であるべきか。それを慎重に見きわめる必要がある。

そしてそれはもちろん、増田氏の選択でもなければ、安倍首相の選択でもないわけだ。これは国民の選択である。人口減少を導いているのは誰か。政府ではない。国民自身だ。地方消滅を導くのは誰か。これも国民自身だ。逆に、私たち自身を確かな持続へと導き、人口維持安定社会へと持ち込みうるのも国民自身なのである。増田氏の言葉は私たちにある認識の一部を反映したものだ。だからこそ私たちは、私たち自身でその問題性に早く気づき、早急にその認識を修正していかなければならない。

†転換期の本当の選択

私たちはいま、明治維新と並ぶ重要な転換期を迎えている。

明治維新は地方に分散していたものを中央へと引き上げ、強い国家を作り上げていく変革だった。今度の変革は逆に、引き上げすぎたものをあらためて分散化し、再配置していくものとなるはずだ。その自覚を私たちの間で早急につくっていこう。

そしてその自覚をはっきりさせるためにも、明治から昭和初期までに私たちが国家を統合しすぎたために引き起こした悲劇・太平洋戦争とは何だったのかを、いま一度しっかりと反省すべきだろう。さらにまた、その敗戦後に挙国一致体制がいったん解消したことで、各地に人々が分散し、集中と分散のちょうどよいバランスが生じて、戦後の高度経済成長につながり、世界に冠たる経済大国を実現した——そういう認識を持つのもよいだろう。私たちは、適度に分散している限り、活き活きとした社会をつくり、強い国家を形成する。しかしそれが統合されすぎると、その意思決定過程に重大な欠陥が生じ、目標を見失ってあらぬ方向へと暴走する。そういう性質を持つ集団のようだ。

そしてバブル崩壊後、現在まで、私たちは再び集中化への道を歩んできた。そしてそれはすでに再び危うい路地へと私たちを引き込みつつある。そんな気がしてならない。大きな破綻に至る前に、私たち自身の手でこの路線を変更し、集中から分散への再転換を実現していく必要がある。

この地方への分散化を、「選択と集中」によるのではなく、「多様性の共生」でできないか。これがこの本の主張である。「多様性の共生」が「自立」を前提にするのに対し、「選択と集中」は「画一性への依存」をもたらす。そしてこの「画一性への依存」が現実となったとき、それは国民の自立が損なわれ、主体性が喪失し、国家が何か別のものへと変質するときである。「選択と集中」による戦略は、決して国民の暮らしの再生にはつながらない。レポートが掲げる「ストップ少子化」も「地方元気」もありえない。それゆえ、国家の再建につながることもない。このことを最後にあらためて強調しておきたい。

これから二〇三〇年までの一五年間（とくに最初の五年間）こそ、明治以来の様々な制度の齟齬を見直し、試行錯誤を繰り返しながら軌道修正し、今後の方向性を見定めていく大事な時期になるだろう。本書では「住民とは誰か」という視点からその見直しを提起したが、さらにもっと広い分野での制度変革の可能性が検討されて、私たちが進むべき新しい道はしっかりと明示されていく必要がある。

一見、動かしがたい現実をどう展開させるかによって、日本の国力も変わり、その未来も開けてくる。私たちが覚悟を持って確かな道を選択できるのなら、この地方消滅・人口減少ショックはこの国の将来にとって大いに意味のある契機となるだろう。

謝辞

本書の内容を作成するにあたっては、多くの方々から情報をいただいた。細かくは記せないが深く感謝したい。また首都大学東京社会学研究室での大学院生・ゼミ生たちの協力にも感謝したい。本書はこの一年ほどのゼミの共同探求の成果でもある。その調査研究の一部は彼・彼女らの手で近く論文になるものと期待している。本書作成に関係した学生は以下の通り（敬称略）。成田凌、渡邊司馬、澤千絵、藤田理子、金子香織、吉村樹、丹治遥、三上真史。

今回は、編集部の松田健氏の発案で急遽本書を世に出すこととなった。氏がこの問題に対して抱いている熱意と努力がなければ本書は成立していない。内容がまずいのは筆者の能力であり、少しでも読みやすいものになっていれば今回も氏のおかげである。

そしてまた家族の協力に感謝。三歳になった結香が成長したときに悔いが残らないように、そういう思いも込めて本書は記述した。

（平成二六年一〇月一三日〈体育の日〉脱稿）

引用文献

今井照　二〇一四『自治体再建——原発避難と「移動する村」』ちくま新書
大野晃　二〇〇五『山村環境社会学序説——現代山村の限界集落化と流域共同管理』農文協
岡田知弘　二〇一四「さらなる「選択と集中」は地方都市の衰退を加速させる——増田レポート「地方拠点都市」論批判」『世界』二〇一四年一〇月号、岩波書店
岡田真　一九七六『人口Uターンと日本の社会』大明堂
小田切徳美　二〇一四「「農村たたみ」に抗する田園回帰」『世界』二〇一四年九月号、岩波書店
片山善博　二〇一四「自治を蝕む「ふるさと納税」「増田レポート」批判」『世界』二〇一四年一〇月号、岩波書店
徳野貞雄・柏尾珠紀　二〇一四『家族・集落・女性の底力——限界集落論を超えて』農文協
坂本誠　二〇一四「「人口減少社会」の罠」『世界』二〇一四年一〇月号、岩波書店
佐々木誠造　二〇一三『まちづくり人づくり意識づくり——佐々木誠造に聞く「都市経営」』泰斗舎
内閣府　二〇一四『平成二六年版少子化社会対策白書』
日本学術会議・社会学委員会東日本大震災の被害構造と日本社会の再建の道を探る分科会　二〇一四「東日本大震災からの復興政策の改善についての提言」
日本学術会議・東日本大震災復興支援委員会福島復興支援分科会　二〇一四「東京電力福島第一原子力発電所事故による長期避難者の暮らしと住まいの再建に関する提言」
舩橋晴俊・長谷川公一・畠中宗一・梶田孝道　一九八八『高速文明の地域問題——東北新幹線の建設・紛争と社会的影響』有斐閣選書
牧瀬稔・中西規之編著　二〇〇九『人口減少時代における地域政策のヒント』東京法令出版

増田寛也編著　二〇一四『地方消滅――東京一極集中が招く人口急減』中公新書
山下祐介　二〇一一「新砂子瀬物語」『白神学』第1巻、ブナの里白神公社
山下祐介　二〇一二『限界集落の真実――過疎の村は消えるか？』ちくま新書
山下祐介　二〇一三『東北発の震災論――周辺から広域システムを考える』ちくま新書
山下祐介・市村高志・佐藤彰彦　二〇一三『人間なき復興――原発避難と国民の「不理解」をめぐって』明石書店
山田昌弘　一九九九『パラサイト・シングルの時代』ちくま新書
山本努　二〇一三『人口還流（Uターン）と過疎農山村の社会学』学文社

ちくま新書
1100

地方消滅《ちほうしょうめつ》の罠《わな》
——「増田《ますだ》レポート」と人口減少社会の正体

二〇一四年一二月一〇日　第一刷発行
二〇一五年　三 月一〇日　第六刷発行

著　者　山下祐介（やました・ゆうすけ）

発行者　熊沢敏之
発行所　株式会社 筑摩書房
東京都台東区蔵前二-五-三　郵便番号一一一-八七五五
振替〇〇一六〇-八-四一二三
装幀者　間村俊一
印刷・製本　三松堂印刷 株式会社

乱丁・落丁本の場合は、左記宛にご送付下さい。
送料小社負担でお取り替えいたします。
ご注文・お問い合わせも左記へお願いいたします。
〒三三一-八五〇七　さいたま市北区櫛引町二-六〇四
筑摩書房サービスセンター　電話〇四八-六五一-〇〇五三

ISBN978-4-480-06812-5 C0236